KB009490

일상이 아픔이 되지 않도록

일상이 아픔이 되지 않도록

조한새

심리상담이 당신에게 전하는 위로

채륜

작가의 변명

　최근 많은 사람들이 마음의 힐링을 위해 심리학 및 심리상담 콘텐츠를 찾는다. 그런데 SNS에서 흔히 볼 수 있는 콘텐츠들은 심리학이나 심리상담이라는 타이틀을 내걸고 있지만 유사 과학에 불과한 대중심리학의 내용들이 대부분이다. 사람들이 과학적인 근거가 전혀 없는 내용들을 심리학이나 심리상담이라는 타이틀만 보고 아무런 의심 없이 받아들여 자기 비난의 근거로 삼음으로써 심리적 어려움을 겪기까지 하는 모습을 보면 안타까움을 금할 수 없다. 나 또한 고등학생 때부터 상담심리대학원 진학을 마음먹기까지, 오랫동안 우울증이라는 심리적 어려움을 겪었기 때문이다. 학부 시절 경제금융학과 의류학을 전공하여 패션 회사에 다니다가 작가라는 생애 첫 꿈을 이루고 싶어 퇴사까지 했는데 심리적 어려움을 스스로 치유하고자 뜬금없이 상담심리대학원에 진학하였다.

이와 같은 인생의 굴곡으로 학자나 심리상담사로서가 아니라 작가로서 그리고 심리학책이 아니라 심리상담책을 쓰고 싶었다. 관련 전공자가 아닌 이상 사람들은 보통 심리학과 심리상담의 차이를 구별하지 못하는 것 같다. 실제로 상담 이론을 주소재로 한 책들조차 대중서로 팔리기 위해 심리학 교양서라는 타이틀을 내건다. 물론 심리상담의 학문 체계인 상담심리학이 응용심리학에 속하기는 하지만, 일반적으로 심리학이 모든 인간의 마음과 행동에 적용되는 보편적 원리를 찾으려고 하는 데 비해 심리상담에서는 개인의 특수성을 중요시한다. 그러므로 개인이 겪고 있는 심리적 어려움을 치유하기 위해서는 심리학과 심리상담을 구별할 필요가 있다고 생각한다. 이러한 점에서 이 책은 심리학 교양서가 아니라 '심리상담 교양서'라고 불리기를 바란다.

방금 이야기했듯이 이 책은 전문 서적이 아니다. 심

리상담에서 상담자에게 요구되는 자질은 인성은 물론이고 이론적 지식뿐만 아니라 충분한 수련과 실제 심리상담 경험을 통해 얻을 수 있는 경험적 지식이다. 나는 인성적으로도 아직 미성숙하며 학자(현재 대학원생이다)도 아니고 심리상담 전문가(이제 막 수련을 시작한 초심자다)도 아니므로 이러한 변명을 먼저 한다. 즉, 이 책은 심리상담 전문가로서가 아니라 상담심리대학원생 겸 작가로서 심리상담 및 상담 이론에 대해 내가 이해한 바를 그나마 자신 있는 글로써 정리한 것이다. 그리고 독자분들이 쉽게 이해할 수 있도록 상담 이론을 간략화하고 일상에서 흔히 쓰이는 단어들을 사용하여 제시했으므로 실제 상담 이론과는 내용과 표현 면에서 다소 차이가 있을 수 있음을 미리 밝힌다. 예컨대 인지행동치료에 관한 내용에서 사고thinking와 신념belief을 '생각'으로 통칭하고 역기능적 사고, 부정적 사고 경향성, 인지적 왜곡 등을 '비합리적인 생각'이나 '현실 적응에 도움이 되지 않는 생각'으로 바꿔 썼다. 상담 이론의 창시자들이 오랜 사유와 연구를 통해 이룩한 위대한 업적을 임의로 해석하여 단순하게 바꿔 쓴 점은 나 또한 불편한 마음이 들지만, 대중서라는 특성상 어쩔 수 없었다는 변명을 한다. 이에 대해 실제 심리상담 분야에 계신 선배님들이 조언을 보내준다면 비판까지도 감사히 받아들이겠다.

심리상담은 비싸다. 하지만 그만한 가치가 있다. 내가 해당 분야에 발을 담그고 있어서 하는 이야기가 아니라 나 또한 심리상담의 도움으로 우울증을 스스로 치유했기 때문에 하는 이야기다. 이 책을 통해 사람들이 심리상담에 대한 막연한 불안과 오해 그리고 환상을 내려놓고 심리상담을 자신의 치유와 성장을 위한 도움으로 삼을 수 있기를 간절히 기원한다.

나의 부족한 글이 책으로 나오기까지 고마운 분들이 많았다. 먼저 개인적인 기록에 불과할 뻔했던 글을 세상에 선보일 기회를 주신 채륜 출판사 서채윤 대표님께 감사드린다. 아울러 에피소드 식으로 흩어져 있던 글들이 책의 형태를 갖추도록 애써주신 김미정 편집자님과 홍규선 디자이너님께 감사드린다. 그리고 귀중한 저작의 일부 인용을 흔쾌히 허락해주신 서울대학교 심리학과 권석만 교수님과 이화여자대학교 심리학과 유성경 교수님께 진심으로 감사드린다. 모든 분을 언급하지 못하여 죄송한 마음이 든다. 언급한 분들께는 이렇게 몇 줄의 글로 감사의 인사를 대신하는 불찰을 용서해주시기를 바란다.

이 지면을 빌려 개인적인 마음 또한 전하고자 하오니 우선 독자분들에게 양해를 구한다. 빠르지 않은 나이에 작가 겸 강연가라는 꿈을 이루겠다고 새로운 진로를 선택한 무모함조차 사랑으로 감싸준 가족들에게 말 대신 글로 깊은 사랑을 전한다. 우울증이라는 끝 모를 어둠을 겪었을 때 삶이라는 빛을 포기하지 않도록 도와줬던 권혁진, 손한준, 이동건, 이슬, 이중원, 이충건, 임아라, 탁희선에게 그동안 전하기 어렵다는 핑계로 전하지 못했던 고마움을 전한다. 항상 진정한 이해와 지지가 되어주는 강승재, 강종모, 고재일, 김민주, 김호현, 박지민, 손효정, 신수민, 이유라, 이지민, 이하영, 최현호, 지식의 부족함이 많은 제자를 지혜로 채워 주시는 한양대학교 상담심리대학원 김정희 교수님, 장유진 교수님께 늘 감사드린다. 마지막으로 지난날 나의 미성숙함에 상처받은 인연들에게 용서를 구한다.

당신의 마음이 괜찮았으면 좋겠습니다.

조한새

JEY

차
례

1장

심리 상담은 마술이 아니다

2장

일상이 아픔이 되지 않도록

3장

그럼에도 나의 마음은 나의 것이다

프롤로그

　『왜 세계의 절반은 굶주리는가?』 2010년, SBS에서 방영되었던 드라마 〈시크릿 가든〉에서 남주인공 김주원(현빈 役)이 여주인공 길라임(하지원 役)의 가난을 이해하기 위해 읽던 사회학자 장 지글러의 책 제목이다. 전 세계 기아의 실태와 배후 요인들을 추적한 책을 소개하려는 것이 아니다. '왜 우리의 절반은 우울한가?' 필자가 우울증을 겪기 시작했을 때부터 계속해서 머릿속에 떠오르는 이 질문이 지금 여기에서 이 책을 쓰기 시작한 이유이다.

　우울에 관한 통계를 간단히 살펴보면, 먼저 세계 최강대국인 미국에서 전체 인구 중 절반이 우울 증상을 경험하였다. 우리나라 또한 2020년 OECD 통계에서 나타났듯이 10명 중 4명, 즉 전체 인구 중 절반 가까이가 우울증 또는 우울 증상을 겪는다.

'왜 우리의 절반은 우울한가?'라는 질문으로 다시 돌아가서 그렇다면 도대체 왜 이렇게 많은 사람들이 우울과 같은 심리적 어려움을 겪는 걸까? 혹자의 말처럼 정말 의지가 약해서일까? 인간이라면 누구나 크건 작건 마음에 상처를 입히는 좋지 않은 사건들을 겪을 수밖에 없지만, 어떤 사람은 자신에게 지울 수 없는 상처를 줬던 사람에게 복수한다는 변으로 타인을 해치는 범죄를 저지르고, 다른 사람은 자신을 해치는 심리적 어려움을 겪고, 또 다른 사람은 잘 극복하며 살아간다. 이러한 결과의 차이만 고려하면 소위 '의지 문제'로 보이지만, 단언컨대 어떤 사람의 의지 부족이 그 사람이 범죄를 저지르거나 심리적 어려움을 겪는 유일한 원인은 아니다. 필자도 고등학생 때부터 우울증으로 고통받다가 입대하고 나서야 받기 시작했던 정신과 약물치료 기간 내내 주변 사람들에게 지겹게 들었었지만. 심리적 어려움을 겪고 있는 사람에게 또 다른 상처가 되는 "네가 의지가 약해서 우울증에 걸린 거야."라는 말을.

아직 심리학계 심지어 정신의학계에서조차 심리적 어려움의 명확한 원인은 제시할 수 없고 단지 원인에 대하여 예측하는 여러 가설만을 제시할 수 있을 뿐이다. 따라서 필자가 앞으로 다양한 심리적 어려움을 다루면서 그 원인이라고 이야기하는 내용은 '축구공을 왼쪽으로 찼기 때문에 축구공이 왼쪽으로 날아갔다.'와 같이 인과관계가 명확하게 규명된 원인이 아니라 상담 이론에서 원인으로서 가능성이 있다고 제시한 가설들 중 일부를 선택하여 소개하는 것에 불과하다. 따라서 이 책에서 소개하는 내용을 '내가 이러하거나 이리해서 심리적 어려움을 겪고 있는 거구나. 역시 내가 문제네.'라고 자기 비난의 또 다른 근거로 삼지 않기를 바란다. 특히 필자는 이 책을 통해 심리적 어려움에 대한 원인보다는 심리적 어려움을 조금이나마 더는 방법에 관해 이야기하고 싶다. 감기의 원인을 아는 것보다 더 중요한 것은 감기를 치료하는 것이라는 모 교수님의 말씀처럼. 앞서 이야기했듯이 필자는 10대 때부터 우울증이라는 심리적 어려움을 앓아 왔다. 하지만 약물치료와 심리상담을 받고 상담 이론을 독학함으로써 이를 극복하였다. 보통 사람인 필자조차 이해와 지지의 힘을 강조하는 심리상담을 통해 우울증을 극복했듯이 '나는 절대로 괜찮아질 수 없을 거야.'라고 좌절 중인 당신도 결국에는 심리적 어려움에서 벗어날 수 있다고 믿는다. 어느 유명한 말을 빌리면, 황폐한 마음에도 희망이라는 꽃은 피니까.

주로 정신과 의사에 의한 심리치료(오은영 박사님도 심리상담사가 아니라 정신과 의사다)에 가깝지만, 예능 프로그램, 드라마, 웹툰 등 다양한 매체에서 소재로 다루어지고 있듯이 심리상담에 대한 대중들의 관심이 높아지고 있다. 하지만 높은 관심에 비해 비싼 심리상담비, 타인에게 속마음을 드러내는 것에 대한 불안, 정신과 진료나 심리상담을 받는 사람들에 대한 사회적 편견 등으로 인해서인지 실제 심리상담을 받는 사람의 수는 많지 않다. 사실 심리적 건강을 다루는 전문가 중 최고로 꼽는 정신과 의사 또한 일부에게는 심리상담이 먼 것처럼 보이는데 일반인들에게는 오죽할까? 대중매체들에서 주로 정신과 의사가 상담자 역할을 하고 주요 상담 이론의 대다수는 정신과 의사에 의해 창시되었지만, 필자가 직접 경험해본 바로는 스트레스 사건으로 인해 우울한 기분이 계속되는 경우조차 약물치료를 권하는 정신과 의사가 심리상담을 권하는 정신과 의사보다 더 많았다. 물론 약물치료와 심리상담은 둘의 우열을 가리기보다는 서로 보완하는 관계로 보아야 한다.

필자는 글, 강연, 모임 등 다양한 콘텐츠를 통해 사람들이 심리적 어려움을 치유하고 인간으로서 성장하도록 돕겠다는 거창한 인생 목표를 갖고 있다. 이와 같은 목표의 달성 중 하나가 일상에서의 다양한 어려움에 대해 상담 이론을 적용하여 접근해보는 이 책을 통해 대중들이 심리상담을 조금 더 가깝게 느끼도록 하는 것이었으면 한다. 다만 미리 밝히고 싶은 바는 필자가 우울증을 치유하기 위해 심리상담을 받았던 경험도 있고 약 3년 동안 상담 이론을 독학하다가 심리학사 학위를 취득하고 상담심리대학원까지 진학하였지만, 심리상담 분야에서는 이제 막 수련의 길에 오른 초심자라는 사실이다. '선무당이 사람 잡는다.'라는 속담처럼 독자분들과 실제 심리상담 분야에 있는 분들에게 피해를 주면 어떡하나, 하는 걱정이 앞선다. 그렇지만 다양한 학부 전공과 직업을 경험해본 사람으로서 이론뿐만 아니라 '현생' 또한 함께 고려하면서 쓴 책이기에 독자분들이 이해하고 공감하기 더 쉽지 않을까, 하는 자만을 감히 해본다. 이러한 자만으로 "인간에게는 희망이 없어요!"라고 말씀하셨던 이수정 교수님보다는 "사람은 사람에게 치유받아요."라고 말씀하셨던 오은영 박사님의 손을 들어주고 싶다. 당신의 상처를 진정으로 이해하고 지지해주는 존재는 당신이 심리적 어려움을 치유하는 데 커다란 도움이 된다고 믿는다.

1장

심리상담은 마술이 아니다

· · ·

주요 상담 이론에는
어떤 것들이 있을까?

심리상담은 어떠한 활동일까? 여러 전문가가 내린 정의들을 통합해보면 다음과 같이 길게 답할 수 있다. "심리상담은 심리학, 철학, 사회학 등 인간과 사회에 관한 다양한 전문지식을 갖추고, 겉과 속이 같을 만큼 진솔하고 상대방을 조건 없이 수용하고 존중하며 상대방의 관점에서 상대방을 이해할 수 있는 인성을 가진 전문가인 상담자가 심리적 어려움을 스스로 해결할 수 없어 도움을 요청하는 내담자를 주로 대화를 통해 심리적 어려움을 치유하고 인간으로서 성장하도록 돕는 활동입니다."

일부 사람들은 심리상담 장면의 모습 또는 심리상담의 전후 효과에 대해 객관적으로 수치화하여 검증한 연구 결과가 드물다는 사실을 근거로 들어 심리상담이 비과학적인 활동에 불과하다고 주장한다. 하지만 이러한 주장과는 달리 심리상담은 인간의 마음과 행동을 과학적으로 연구하는 심리학을 기반으로 할 뿐만 아니라 심리상담의 전후 효과 또한 이미 경험적 또는 과학적으로 증명되었다. 그리고 심리상담 장면에서 그저 내담자의 이야기를 듣기만 하는 역할로 보일지 몰라도 사실 상담자는 내담자와 상호작용하는 매 순간 내담자의 복지를 위한 목적과 나아갈 방향성을 고려한다. 이때 상담자에게 효과적인 심리상담을 위한 길잡이가 되어주는 것이 바로 상담 이론이다. 물론 실제 현장에 있는 많은 심리상담사들은 칼 로저스Carl R. Rogers(인간중심치료의 창시자)를 존경하여 상담자는 단순히 자신의 이론적 배경에 근거하여 특정한 치료기법을 선택하고 실행하는 도구가 아니며 인간 그리고 상담자로서의 인성적 자질이 가장 중요하다고 이야기한다. 하지만 심리적 어려움을 스스로 치유하려는 사람들에게 상담 이론(심리상담 접근법의 이론적 체계로 인간의 성격, 정신병리, 치료원리, 치료기법 등에 관한 설명을 포함한다(권석만, 2012).)의 무장은 도움이 된다고 생각한다. 상담 이론은 개인이 현실 적응에 도움이 되지 않는 자신의 측면과 이에 대한 심리적 원인을 스스로 탐색할 수 있는 기준이 되어주고 심리적 어려움을 치유하기 위한 실천 방법을 알려주기 때문이다.

전 세계적으로 수백 개가 넘는 심리상담 접근법이 있고 상담자들이 실제 심리상담에서 주로 사용하는 심리상담 접근법들만 해도 대상관계, 인지행동치료, 인간중심치료 등 최소 11개가 있다. 그중에서 필자가 앞으로 일상에서의 다양한 어려움에 접근하는 데 주로 적용할 세 가지만 최대한 간단하게 소개한다.*

첫 번째는 심리치료의 아버지라고 불리는 지그문트 프로이트Sigmund Freud가 창시한 정신분석 치료다. 설령 프로이트가 누구인지는 모르더라도 무의식이나 방어기제는 들어봤을 것이다. 정신분석 치료에서는 인간이 자신이 용납할 수 없거나 사회적으로 허용되지 않는 생각, 감정, 욕구 등을 무의식 속에 묻어두고 이로 인해 과도한 불안을 겪는 자아를 보호하기 위해 다양한 방어기제를 사용하는데 방어기제가 실패하면 신경증이나 정신증을 겪는다고 본다. 그리고 자유 연상, 꿈 분석 등을 통해 무의식 속에 억압된 문제를 의식화하고 자아의 기능을 강화하여 개인의 심리적 능력과 자원을 발달시

---

* 입문 수준의 상담 이론 내용은 굳이 관련 전공자가 아니더라도 충분히 이해할 수 있다고 생각한다. 제대로 공부하고 싶은 분은 서울대학교 심리학과 권석만 교수님이 쓴 『현대 심리치료와 상담 이론: 마음의 치유와 성장으로 가는 길』을 읽어보기를 바란다.

킴으로써 이러한 신경증과 정신증을 치료하려고 한다.

두 번째는 합리적 정서행동치료REBT와 인지치료로 대표되는 인지행동치료다.* 인지행동치료에서는 인간이 특정 사건 때문이 아니라 그 사건에 대한 자신의 비합리적인 생각이나 인지적 오류 때문에 심리적 어려움을 겪는다고 본다. 비합리적인 생각과 인지적 오류의 대표적인 예는 다음과 같다.

비합리적인 생각

- 당위적인 생각 (~해야 한다)

예: 나는 모든 이성에게 사랑받아야만 한다.

- 파국화 (~하지 않으면 나는 끝장이다)

예: 나는 연인에게 단 한 번이지만 실수했으니 연인에게

---

* 앨버트 엘리스(Albert Ellis)의 합리적 정서행동치료와 아론 벡(Aaron T. Beck)의 인지치료에는 다소 차이가 있지만, 간단하게 소개하기 위해 두 접근법을 하나로 합쳐서 소개한다.

차일 것이다.

• 낮은 좌절 인내력 (나는 도저히 참을 수 없다)

예: 내 연인이 다른 이성에게 미소를 보인 것은 나에 대한 배신행위이므로 도저히 참을 수 없다.

• 나 자신과 타인에 대한 비하 (비난받아 마땅하다)

예: 저런 사람을 사랑하다니 내가 참 멍청하다.

인지적 오류

• '성공 아니면 실패'와 같은 이분법적인 생각all or nothing thinking

• 일부인 부정적 정보에만 초점을 맞추어 인식하는 정신적 여과selective abstraction

• 나와 전혀 무관한 사건 모두를 합당한 증거도 없이 나와 관련된 것으로 잘못 해석하는 개인화

• 한두 번의 특수한 사건으로부터 일반적인 결론을 내리고 무관한 상황에도 적용하는 과잉일반화

인지행동치료에서는 여러 행동 기법(활동 계획표 짜기, 점진적 과제 부여 등)과 인지치료 기법(논박, 현실검증 등)을 통해 개인이 조금 더 유연하고 현실 적응에 도움이 되는 생각을 한다면 일상에서의 다양한 어려움을 효과적으로 다룰 수 있다고 본다.

마지막으로 소개할 실존주의 심리치료는 '인간은 왜 그리고 무엇을 위해 사는가?'라는 철학적 물음과 관련이 있다. 인간은 실존적 관심사ultimate concerns of human existence•로 인한 불안을 겪는다. 실존주의 심리치료에서는 개인이 이러한 실존적 불안에 직면하지 않고 회피하기 때문에 심리적 어려움을 겪는다고 본다. 그리고 개인이 실존에 직면하여 모든 것이 자신의 선택임을 깨닫고 책임 의식을 가지며 삶의 의미를 발견하고 창조함

• 대표적인 실존주의 심리치료자인 어빈 얄롬(Irvin D. Yalom)은 죽음, 자유, 소외(isolation), 무의미 등 네 가지를 제시하였다.

으로써 주체적이고 진실한 삶을 살도록 돕는다.

여느 학문적 이론처럼 상담 이론에도 한계는 존재한다. 심리상담에서 개인의 특수성을 중요시하듯이 모든 사람의 심리적 어려움에는 저마다의 유일무이한 특성이 있기 때문이다. 따라서 어떤 상담 이론도 내가 겪고 있는 심리적 어려움의 원인과 치료법을 100% 정확하게 설명하지는 못한다. 심리상담에서는 내담자가 상담자의 도움을 통해 개인적, 사회문화적 배경 등에서 자신의 심리적 어려움이 정확히 무엇인지와 그 원인을 탐색하고, 통찰과 괜찮아질 수 있다는 믿음을 얻으며, 달성 가능하고 구체적인 상담 목표를 설정하고, 괜찮아지기 위한 실천을 함으로써 심리적 어려움을 스스로 치유할 수 있는 심리적 자원을 얻는다. 즉, 상담 이론만 익힌다고 심리적 어려움을 근본적으로 치유할 수는 없다. 그럼에도 불구하고 필자가 간단하게나마 주요 상담 이론들 중 세 가지를 소개하고 지금부터 일상에서의 다양한 어려움에 상담 이론을 통해 접근해보려는 이유는 다음과 같다. 필자 또한 이 책을 읽어주는 분들처럼 보통 사람이므로 감히 '당신의 문제는 이거 때문이에요.'라고 명확한 원인을 제시하거나 '당신이 괜찮아지기 위해서는 이렇게 해야 해요.'라고 확실한 치료법을 알려줄 수는 없다. 단지 상담 이론이 내담자의 치유와 성장을 돕는 심리상담에서 상담자에게 길잡이가 되어주는 것처럼 이 책도 독자분들이 치유와 성장을 위한 한 걸음을 내딛는 데 길잡이가 되어주기를 바랄 뿐이다. 심리적 어려움을 치유하는 데 도움이 되는 것은 전문가의 화려한 배경과 다양한 전문지식이 아니라 같은 인간으로서의 진정한 이해와 지지일 테니까.

. . .

미안해
나도 같은 사람인지라

　인간은 사는 동안 다양한 사건을 겪으면서 마음에 크고 작은 상처를 입는다. 마음의 상처를 스스로 잘 돌보지 않거나 다른 사람의 이해와 지지를 통해 적절하게 치유하지 않는다면 여러 심리적 어려움을 겪을 수 있다. 과연 이 세상에 마음의 상처가 하나도 없는 사람이 있을까? 사람들이 심리상담사에게 흔히 가지는 환상에 가까운 기대는 심리상담사가 마치 세상의 모든 번뇌를 초월한 성인聖人처럼 자신에게 인생에 관한 조언을 해주고 마법처럼 자신의 심리적 어려움을 사라지게 해주리라는 것이다. 필자 또한 첫 심리상담을 받기 전에 이러한 기대를 했었다. 하지만 심리상담을 전문적으로 하는 직업을 가졌을 뿐 심리상담사도 보통 사람에 불과하다. 물론 심리상담사는 자신의 감정 및 욕구 중에 내담자에게 해를 끼칠 수 있는 감정 및 욕구를 알아차리고 적절하게 다루기 위해 꾸준히 노력한다. 그렇다고 하더라도 방금 이야기했듯이 심리상담사도 성인이 아닌 보통 사람이기 때문에 미처 처리하지 못한 감정이나 욕구 등을 지닌 채 내담자와 상호작용하여 특히 정신분석 치료에서 중요시하는 치료적 중립성을 해치는 역전이countertransference 문제를 종종 발생시킨다(물론 최근의 심리상담에서는 전통적인 정신분석 치료와 달리 역전이를 문제로만 보지 않는다).

심리상담 장면에서 상담자는 내담자에게 함부로 조언하지 않는다. 하물며 필자 또한 어떻게 당신에게 그리할 수 있을까? 남들이 보기에는 비슷한 사건이더라도 사람마다 자신이 겪은 사건에서 느끼는 감정은 다 다르다. 설령 당신이 다른 사람이 느낀 감정과 명칭상 같은 감정을 느끼더라도 당신이 느낀 감정의 크기와 깊이 그리고 어떠한 과정에 의해서 그 감정을 느끼게 되었는지는 다른 사람과 다르다. 따라서 인생을 살면서 어떤 심리적 어려움을 어떠한 과정에 의해서 겪게 되는지 그래서 어떻게 치유해야 하는지는 사람마다 모두 다르다. 그러므로 필자가 앞으로 이야기할 내용들을 유일하고 완벽한 해결책을 조언해주는 것으로 받아들이지 않았으면 좋겠다. 전문가인 심리상담사조차 그러한 것처럼 필자 또한 당신과 같은 보통 사람이니까. 건방지게 현생에 상담 이론을 적용하여 접근해보는 글을 쓰고 있지만, 세상만사에 통달하고 혜안을 가진 성인이 아니라 당신과 마찬가지로 어떤 사건으로 인해 심리적 어려움을 겪기도 하고 가까운 사람에게조차 상처받으며 때로는 자신에게 상처를 주는 사람이니까. 단지 가벼운 위로라도 받을 수 있는, 좀 더 나아가 당신의 심리적 어려움에 적용해볼 수 있는 비슷한 사례 정도의 이야기로 읽어주기를 바란다.

쉬어가는 위로

우리 괜찮아지기를

나도 괜찮지 않은데

어떻게 당신에게 "괜찮아질 거예요."라는 말

함부로 하겠어요.

다만 우리 괜찮아지려고 함께 노력해봐요.

· · ·

독심술사는 없다

필자가 처음 만난 사람에게 상담심리학을 전공하고 있다는 사실을 밝히면 열에 아홉은 똑같은 질문을 한다. '제가 불안해하면 바로 알아차리시겠네요?' '저는 왜 그렇게 부정적으로 생각하는 걸까요?'와 같은. 이러한 질문들에는 답을 해줄 수 없어도 이 말은 확실하게할 수 있다. "인간의 마음에 관한 공부를 하더라도 절대독심술사가 될 수 없습니다." 즉, 심리학에 관한 지식을가지고 있다고 해서 일면식도 없던 사람과 잠깐 대화를나누고 그 사람의 심리 상태를 정확히 파악할 수는 없다는 이야기다.

'어떤 사람이 말을 하면서 자신의 코를 자주 만지면 거짓말을 하는 것이다.' '인간은 호감이 있는 사람 쪽으로 다리를 꼰다.'라는 것과 같이 인간의 무의식적 행동에 대한 심리학적 설명이 유행을 타서인지 많은 사람들이 심리학자와 심리상담사를 독심술사로 생각하는 것 같다. 게다가 심리학과 심리상담을 매한가지로 생각한다. 물론 심리상담은 그 명칭에 '심리'를 포함하고 심리학적 지식을 근거로 하는 활동이지만, 대중들이 다양한 매체에서 접하는 심리학 콘텐츠와 심지어 TV 방송에서 보이는 심리상담 장면의 모습과도 결이 같지 않다. 특히 SNS에서 흔히 볼 수 있는 심리학 및 심리상담 콘텐츠의 대부분은 당신이 특정한 심리 상태에 빠진 원인(예를 들어, '당신이 예민한 이유'라는 제목의 콘텐츠)을 알려준다면서 '상관관계'가 있다는 것만 밝혀진 '요인'을 마치 '인과관계'가 명확하게 규명된 '원인'처럼 단정 지어 제시한다. 하지만 어떤 두 대상 간에 서로 연관성이 있다고 해서 곧 인과관계가 있다고 할 수는 없을뿐더

러 심리상담에서는 개인의 특수성을 중요시한다. 따라서 심리상담사는 일상 속 장면에서뿐만 아니라 심리상담 장면에서도 상대방의 언어적 표현과 비언어적 표현(표정, 시선, 몸짓 등)만 잠깐 관찰하고 나서 '당신의 심리적 어려움은 이것이군. 그리고 이러한 원인 때문이니까 괜찮아지기 위해서는 이렇게 해야 하겠군.'이라고 단정 짓지 않는다. 특히 심리상담 전문가조차 내담자와 신뢰로운 관계를 맺고 여러 번의 진솔한 대화를 통해 내담자와 내담자가 가진 문제를 탐색 및 분석한 뒤에 내담자의 심리적 어려움이 무엇인지와 그 원인을 가정할 뿐이다. 즉, 심리상담사 또는 상담심리학을 공부하는 사람이라고 해서 일상에서 함부로 다른 사람의 심리 상태를 분석하고 판단하려 하지 않는다. 특히 상담자 윤리강령에서는 가족, 친구 등 사적인 관계가 있는 사람에게 심리상담 하는 것을 금지하고 있다.

　이쯤에서 필자가 전하고 싶은 메시지가 무엇인지 짐작하는 분이 있을까? '상담심리학을 공부하는 사람과 대화할 때 당신의 심리 상태를 평가당할까 봐 불안해하지 않아도 괜찮아요.'라고 안심시키려는 걸까? 아니다. 지금까지 심리상담사는 타인의 심리 상태를 함부로 판단하지 않는다는 이야기를 길게 한 이유는 따로 있다.

'전문가조차 당신이 마음속에 꽁꽁 감추고 있는 고통을 먼저 드러내 보여주지 않는다면 당신의 고통을 절대 알 수 없다.'라는 것이 진정으로 전하고 싶은 메시지다. 심리적 어려움이 너무 커서 누구라도 알아줬으면, 하고 바란다면 정신과 의사, 심리상담사와 같은 전문가 이전에 가까운 사람에게라도 마음속 이야기를 털어놓는 연습을 시작하기를 바란다. 다만 당신이 명심해야 할 사실은 감정 정화catharsis(마음속에 억압된 감정을 언어나 행동을 통해 표출하여 안정을 찾는 행위)가 치유 효과가 있기는 하지만 심리적 어려움의 근본적인 해결책은 될 수 없다는 것과 불행하게도 모든 사람이 당신이 어렵게 털어놓은 마음속 이야기에 적절하게 반응할 수 있는 역량을 가지고 있지는 않다는 것이다. 당신이 가까스로 털어놓은 속마음에 다른 사람이 부정적인 반응을 보이더라도 또 다른 상처를 입지 않기를, 부디 당신 곁에 속마음을 편하게 털어놓을 수 있는 사람이 있기를 간절히 기원한다.

*
〰️

쉬어가는 위로

묵묵히 당신 곁에 있을게요

오랜만에 만난 당신은

마치 이 순간을 손꼽아 기다려왔다는 듯이

헤아릴 수 없는 시간 동안 참아온

마음속 이야기들을 한숨과 함께 털어놓습니다.

나 그런 당신에게

함부로 평가의 말 꺼내지 않을게요.

듣고 있는 당신 이야기에

나까지 지친다고 해서

"당신이 예민하고 의지가 약해서 그래요."라고

평가하고 싶지 않아요.

아무도 당신이 혼자 끙끙 앓아온 아픔의 크기를

짐작조차 할 수 없을 테니까요.

그냥 남이라서 남에게 털어놓지 못한 그 속마음을

지금처럼 나에게 들려주세요.

침대 위 곰 인형처럼 묵묵히 당신 곁에 있을게요.

고생 많았어요.

언제 끝날지도 모르는 그 아픔을 혼자 견뎌내느라요.

. . .

우는 것만이
치유는 아니다

심리상담을 실제로 받아본 적이 없거나 TV, 유튜브 등에서 상담 방송으로 심리상담을 처음 접해본 사람들은 심리상담 장면이 주로 내담자는 너무 힘들다면서 눈물을 뚝뚝 흘리고 상담자는 "그동안 참 많이 힘드셨겠네요."라고 위로하는 모습이라고 생각한다. 그동안 아무에게도 이야기하지 못한 고민을 털어놓거나 마음속에 억압해온 감정을 표출하는 것이 치유의 시작이 되기는 하지만 심리상담의 전부는 아니다. 고민이나 감정을 털어놓고 위로받는 것이 심리상담의 전부라면 내담자가 비싼 돈을 내고 여러 번이나 받을 필요 없다. 그리고 심리상담사의 역할이 단순히 고민을 들어주거나 위로의 말을 전하는 것에 불과하다면 심리상담 분야에서 인정받는 학회 자격증*을 취득하기 위해 심리학 또는 상담심리학 관련 학문을 전공하고 큰 비용을 들여 수년 동안 수련을 받을 필요 없을 것이다.

감정 정화는 그 자체만으로 치유 효과가 있다고 한다. 그렇다고 하더라도 다른 사람과의 대화(일상대화뿐만 아니라 심리상담 장면에서 상담자와 하는 대화도 마찬가지이다)에서 당신을 위로해줌으로써 개인적인 만족을 얻으려는 상대방에게 당신이 느끼기를 회피하거나 실제로 느끼지 않는데도 부정적 감정을 억지로 표출하도록 강요받아서는 안 된다. 그리고 당신이 심리적 어려

---

* 2022년 현재, 청소년상담사(여성가족부), 정신건강임상심리사(보건복지부), 임상심리사(한국산업인력공단), 전문상담교사(교육부), 직업상담사(고용노동부) 외에 심리상담 관련 국가 공인 자격은 없다. 심리상담 관련 민간 자격 중에서는 상담심리사(한국상담심리학회)와 전문상담사(한국상담학회) 등 학회 자격을 공신력이 있다고 본다.

움을 스스로 치유하기 어려워서 전문가의 도움을 받기 위해 심리상담을 받을 용기를 냈다면 상담자와 협력하여 심리적 어려움을 스스로 치유하기 어려운 원인을 파악하고 달성하고자 하는 상담 목표를 설정하는 과정이 꼭 필요하다. 지금까지 마음속에 숨겨온 고민이나 감정을 마음껏 털어놓는 것으로만 전체 회기를 소비하지 않기를 바란다. 그동안 아무에게도 하지 못한 이야기를 털어놓거나 참아온 감정을 표출함으로써 잠시 심리적으로 편안한 기분을 느낄 수 있겠지만, 감정 정화만으로는 오랜 심리적 어려움을 근본적으로 치유하기 어렵다.

심리적 어려움을 근본적으로 치유하기 위해서는 통찰뿐만 아니라 실천 또한 꼭 필요하다. 당신이 가까운 사람의 이해와 지지를 통해서도, 전문가의 도움을 받는 심리상담을 통해서도 반드시 얻어야 할 것은 괜찮아질 수 있다는 믿음과 당신의 심리적 어려움에 관한 통찰 그리고 괜찮아지기 위한 실천을 하는 방법과 하려는 동기다. 상담자는 치유자이지만 궁극적인 치유자는 아니다. 당신의 심리적 어려움을 궁극적으로 치유할 수 있는 유일한 사람은 바로 당신이라는 사실을 잊지 않아야 한다.

쉬어가는 위로

당신이라는 원석

당신은 성장 가능성을 지닌 원석입니다.

실천이라는 가공을 통해

보석으로 반짝반짝 빛나시기를 기원합니다.

· · ·

힐링 글의 함정

힐링 여행, 힐링 음식 등 많은 사람들이 일상에서 힐링을 찾는다. 특히 갈수록 세상이 각박해져서 서로 상처를 주고받아서인지 아니면 코로나 블루 때문인지 신체보다 마음의 힐링을 더 많이 찾는 것 같다. 당장 서점에만 가봐도 이러한 사실을 알 수 있다. 거의 2년 넘도록 베스트셀러 상위권에 올라가 있는 책들 중 대다수가 위로나 심리 관련 주제이다. 글조차 마음의 힐링을 읽고 쓰는 것이다.

수많은 힐링 글들이 뻔할 정도로 똑같이 이야기하는 내용을 간단히 정리해보면 '당신은 무조건 옳다.'

'당신 자신으로 살자.' '괜찮아. 다 잘될 거야.'이다. 그렇다면 과연 힐링 글만 읽어도 심리적 어려움을 근본적으로 치유할 수 있을까? 여러 작가가 반론을 제기하겠지만, 필자는 불가능하다고 주장한다. 물론 심리적 건강을 다루는 전문가가 아닌 작가가 썼더라도 독자에게 위로가 되는 또는 심리적 어려움을 스스로 치유하는 데 도움이 되는 통찰을 주거나 실천 방법을 알려주는 진짜 힐링 글도 있다. 하지만 '당신은 무조건 옳다.' '혼자가 되어도 괜찮다.' '다 잘될 거야.'라고 대책 없이 이야기하는 글들은 심리적 어려움을 겪는 사람들이 긍정의 함정에 빠지게 만든다. 먼저 당신이 심리적 어려움을 겪는 원인이 어쩌면 당신이 옳지 않을 때도 있다는 사실을 인정하지 않기 때문일 수도 있다. 다음으로 모든 심리적 어려움을 스스로 극복할 수는 없으므로 다른 사람의 이해와 지지는 필수적이다. 따라서 다른 사람이 자신에게 상처만 준다고 믿거나 대인 관계 기술이 부족하여 모든 심리적 어려움을 혼자 견디고 있는 사람에게는

'혼자가 되어도 괜찮아.'라고 이야기해주는 대신 다른 사람에 대한 불신을 해소해주거나 대인 관계 기술을 가르쳐 주는 것이 필요하다. 마지막으로 인간은 이상 세계가 아니라 현실 세계에서 살고 있으므로 모든 일이 다 잘될 것이라는 기대는 현실적으로 실현 불가능하다.

당신이 힐링 글을 통해 겨우 찾은 심리적 안정을 헤치려는 것이 아니다. 심리적 어려움을 근본적으로 치유하는 데 도움이 되지 않을 뿐만 아니라 오히려 심리적 어려움을 유발할 수 있는 현실 적응에 도움이 되지 않는 생각이나 대처 전략을 주입하는 소위 '무늬만 힐링 글'이 옳지 않다고 이야기하는 것이다.

심리적 어려움으로 인한 고통을 조금이라도 덜고자 힐링 글이라도 찾아 읽는 당신의 모습에 필자의 과거 모습이 떠올라 연민의 눈물이 흐른다. 하지만 힐링 글은 당신이 지쳐 쓰러졌을 때 다시 주저앉을 수라도 있게 해주는 잠깐의 위안 정도로만 삼기를 바란다. 잔인하게 들리겠지만, 힐링 글을 읽으면서 '그래, 나 때문에 이렇게 힘든 게 아니었어. 무조건 옳은 나를 몰라주는 다른 사람들과 가혹한 현실이 문제야. 언젠가는 다 잘될 거야.'라는 책임 회피와 환상일 뿐인 기대만 해서는 심리적 어려움에서 벗어날 수 없다. 심리적 어려움에서 벗어나기 위해서는 당신이 지금 괜찮지 않다는 사실의 수용과 그럼에도 불구하고 괜찮아질 수 있다는 희망 그리고 괜찮아지기 위한 실천이 필요하다는 사실을 잊지 말자.

2장

일상이 아픔이 되지 않도록

· · ·

태어났으니까 산다?

친한 친구들에게 "너는 왜 살아?"라는 질문을 해본
적이 있다. 친구들의 반응은 하나같이 "태어났으니까
살지." "시비 거는 거냐? XX야."였다. 필자의 주변에
도 100년 가까이 살아야 하는 인생을 왜 사는지 진지하
게 고민하는 사람은 드물었다. 사람들이 사춘기에 주로
하는 고민 중 하나가 '나는 왜 사는 걸까?'인데도 말이
다. 물론 자신의 의지로 태어나고 죽는 사람은 아무도
없다. 인생은 들어올 때도 나갈 때도 마음대로가 아니
다. 그렇다면 인간은 우주 속 티끌과 같은 존재로 아무
런 의미 없이 그저 흘러가는 대로 살다가 죽어야 하는

걸까? 사실 끝이 어디인지 모를 정도로 넓은 우주 또한 자신의 의지로 존재하는 것이 아니다. 그 존재에 어떤 의미가 있는 것도 아니다. 종교적 관점을 배제하면, 광활한 우주도 그냥 존재한다. 허무주의에 빠지자고 하는 이야기가 아니다. 삶의 의미는 스스로 만들어야 한다고 하는 이야기다. 누군가 말하지 않았던가. "한 번뿐인 인생, 이왕이면 멋지게 살다 가는 게 낫지."라고. 아무런 의미 없이 단순히 '태어났으니까' 사는 삶은 그 주인이 계속해서 '나는 왜 사는 걸까?'라고 고민하다가 결국 공허감을 느끼게 만든다.

심리적 어려움, 특히 우울증이 공허감을 느끼게 하는데 역으로 삶의 의미를 찾지 못한 채 그저 하루하루 흘러가는 대로 공허하게 사는 삶이 심리적 어려움을 유발할 수 있다. 그렇다면 공허하게 살지 않기 위해 찾아야 하는 삶의 의미란 무엇일까? 비록 무의미라는 실존적 관심사에 관한 물음으로 이번 이야기를 시작했지만, 이해하기 어려운 철학적 관점보다는 심리적 어려움을 조금이나마 더는 방법을 구하는 관점으로 접근해보고 싶다. 즉, 심오하고 추상적인 삶의 의미를 추구하기보다는 우선 '그럼에도 불구하고 내가 살아야 하는 구체적인 이유'를 찾아야 한다는 이야기다. 예컨대 회사원에게는 스스로 찾은 '나에게 즐거움을 주는 활동'이 삶의 이유가 될 수 있다. 직장 스트레스 때문에 회사원으로 사는 삶이 고달프더라도 '나에게 즐거움을 주는 활동'을 즐길 기대감으로 하루하루를 버텨낼 수 있기 때문이다. 필자의 경우에는 맛있는 음식을 먹기 위해 산다. 맛집을 찾아다니면서 맛있는 음식을 먹는 즐거움이 꿈과 생업을 병행할 수 있도록 해주는 삶의 원동력이 된다. 이처럼 심리적 어려움을 조금이나마 덜기 위해 찾아야 하는 '그럼에도 불구하고 내가 살아야 하는 구체적인 이유'는 철학에서 사유하는 삶의 의미처럼 절대적인 가치의 추구가 아니어도 된다.

미국의 정신과 의사이자 대표적인 실존주의 심리치료자인 어빈 얄롬에 따르면, 인간은 죽음, 자유, 소외, 무의미 등 실존적 관심사로 인한 불안을 겪는데 이를 회피하면 심리적 어려움을 겪을 수 있다. 어쩌면 혹자는 필자가 이야기한 방법이 실존적 불안을 회피하려는 또 다른 시도에 불과하다고 할 수도 있겠다. 하지만 위대한 성인聖人이나 철학자가 아니라 심리적 어려움을 겪고 있는 보통 사람은 삶의 의미에 관해 철학적으로 사유한다고 해서 당장 일상을 살아갈 원동력은 얻지 못할 것이다. 작더라도 '그럼에도 불구하고 내가 살아야 하는 구체적인 이유'가 되는 즐거움을 먼저 발견하여 일단 살아가야 한다. 그리해야지만 심리적 힘을 키우고 실존적 관심사에 대한 인식을 증가시킴으로써 진정한 삶의 의미를 발견하거나 창조할 수 있다.

쉬어가는 위로

당신 마음

당신에게 주어진 삶이니

당신의 삶을 살아요.

다른 사람이 바라는 삶 말고

당신이 원하는 삶을 살아요.

당신 마음대로

당신이 하고 싶은 대로

그렇게 살아요.

· · ·

생각이 치유를 만든다

심리상담 접근법에 대한 필자의 취향을 밝힘으로써 이번 이야기를 시작하려고 한다. 필자는 인지행동치료, 특히 앨버트 엘리스의 합리적 정서행동치료를 가장 선호한다. 인지행동치료의 기본 전제처럼 생각이 감정 및 행동에 영향을 미치며 사건과 타인은 바꿀 수 없지만, 사건과 타인에 대한 생각은 얼마든지 바꿀 수 있다고 믿기 때문이다. 따라서 생각이 심리적 어려움을 만들어 내기도 반대로 치유하기도 한다. 고독과 외로움의 차이를 예로 들어보면, 고독과 외로움 둘 다 혼자 있는 상태를 의미한다. 그런데 혼자 있는 상태에 대한 나의 생각이 내가 고독을 혼자만의 시간으로 즐기는지 아니면 외로움으로 인해 심리적 어려움을 겪는지를 결정한다. 실제로 고독은 자발적으로 혼자 있는 상태로 사생활을 위해 긍정적인 것으로 보고, 외로움은 대인관계의 단절, 연인과의 이별 등으로 인한 비자발적인 고립 상태로 우울증 등을 유발하는 부정적인 것으로 보는 관점이 있다. MBTI 성격 유형이 E(외향)인 사람이든 I(내향)인 사람이든 혼자만의 시간이 필요하다. 자발적인 고독은 온전히 혼자 쉬는 시간이기 때문이다. 이러한 점에서 어빈 얄롬이 제시한 네 가지의 실존적 관심사 중 isolation 은 역자에 따라 '고독'이나 '고립' 또는 '소외'로 번역되지만, 필자는 고독이 긍정적인 효과를 가지고 있다고 생각하므로 '소외'라는 번역을 사용하였다.

생각의 힘은 비단 인지심리학과 인지행동치료뿐만 아니라 동서고금을 막론하고 늘 강조됐다. 다만 생각의 힘으로 심리적 어려움을 치유할 때 염두에 둘 점이 있다. 바로 생각을 바꿈으로써 심리적 어려움에 대처하는 더 나은 전략을 배울 수 있다는 이야기가 무조건 긍정적으로 생각하라는 뜻은 아니라고 아론 벡이 언급했다는 사실이다. 물론 부정적인 생각이 심리적 어려움을 만들어낼 수 있다. 하지만 인지행동치료는 내담자가 무조건 긍정적으로 생각하게 하는 것이 아니라 현실 적응에 도움이 되는 생각을 할 수 있도록 돕는다. 사실 어떤 생각이 긍정적인지 부정적인지에 대해 모든 사람에게 절대적으로 적용되는 기준은 없다. 엘리스가 생각을 합리적인 것과 비합리적인 것으로 나누기는 했지만, 합리적인 생각을 '나에게 유익한 생각'이라고 정의했을 뿐이에 해당하는지 판단하는 정확한 기준은 제시하지 않았다. 따라서 벡의 주장처럼 어떤 사건을 겪든 사건에 대해 무조건 긍정적으로 생각하는 것보다 내 생각이 타당한지를 현실에서 증거를 찾아 검증해보는 것이 낫다. 만약 내 생각이 타당하지 않아서 심리적 어려움을 만들어내고 있다면 현실 적응에 도움이 되는 대안적인 생각을 할 필요가 있다.

방금 심리적 어려움을 예방하거나 치유하기 위해서는 생각을 현실 적응적으로 변화시킬 필요가 있다고 이야기하였다. 하지만 벡이 어떤 사건을 겪고 유발된 생각을 '자동적 사고(자동적인 생각)'라고 표현했듯이 어떤 사건이 발생하고 심리적 어려움을 겪기 전에 심리적 어려움을 만들어낸 생각을 자각하기란 쉽지 않다. 따라서 지금까지 소개한 인지행동치료의 원리를 일상에서 적용해볼 수 있는 방법으로 인지행동치료에서 실제로 사용하는 치료 도구를 소개한다. 바로 역기능적 사고 기록지다. 역기능적 사고 기록지는 실생활에서 현실 적응에 도움이 되지 않는 생각을 기록하는 일지다. 벡이 설명한 작성법을 요약하면 다음과 같다. 첫째, 부정적 감정을 일으킨 사건과 발생 날짜를 적는다. 둘째, 해당 사건에서 느꼈던 감정을 적고 그 감정의 정도를 100점 만점의 점수로 평가하여 적는다. 셋째, 해당 사건에서 자동적으로 떠올랐던 생각(자동적인 생각)을 적고 그 생각을 믿는 정도를 100점 만점의 점수로 평가하여 적는다.

넷째, 자동적인 생각을 뒷받침하는 증거와 반대하는 증거를 현실에서 찾으면서 타당 여부를 검증해본다. 그리고 이분법적인 생각, 개인화 등과 같은 인지적 오류는 없는지 찾아본다. 다섯째, 자동적인 생각이 타당하지 않아서 현실 적응에 도움이 되지 않는다면 현실 적응에 도움이 되는 대안적인 생각을 적어본다. 마지막으로, 대안적인 생각을 해보고 난 뒤에는 앞서 적었던 자동적인 생각을 얼마나 믿는지 100점 만점의 점수로 다시 평가하고 지금 느끼는 감정과 그 감정의 정도를 100점 만점의 점수로 평가하여 적는다. 글로만 읽으면 이해가 쉽지 않으므로 역기능적 사고 기록지의 실제 작성 예를 보여드린다(벡이 제시한 작성 양식이 있지만, 독자분들의 이해를 도모하고자 간략화하여 제시한다).

날짜	사건	감정	자동적인 생각	대안적인 생각	결과
3월 3일	시내에서 회사 동료를 발견하여 인사했는데 회사 동료가 받아주지 않음.	분노 90 슬픔 80	'내가 그동안 회사 동료에게 얼마나 잘해줬는데 회사 밖이라고 나를 보고도 모른 척하다니. 그가 평소에 나를 무시하고 있음이 틀림없다.' (0)	'회사 동료가 나를 보고도 모른 척했다는 증거는 없다. 실제로 그는 핸드폰을 보면서 걷고 있었다. 비록 나를 보고도 모른 척했던 것이라고 하더라도 그것이 그가 평소에 나를 무시하고 있다는 증거는 아니다.'	슬픔 20 편안함 60

　　내 생각을 스스로 비난하기 위해 역기능적 사고 기록지를 작성하는 것이 아니라는 사실을 명심해야 한다. 생각은 절대적으로 좋다 나쁘다를 판단할 수 있는 것이 아니다. 그리고 이러한 작업을 한다고 해서 곧바로 현실 적응적인 생각만 하거나 심리적 어려움이 완전히 사라질 것이라는 기대는 현실적으로 실현 불가능하다. 엘리스도 모든 사람이 비합리적인 생각을 어느 정도는 한다고 하였다. 게다가 벡은 심리적 건강이 '건강 아니면 심리적 어려움'처럼 이분법적으로 나누어지는 것이 아

니라 연속선상에 있는 것이라고 하였다. 결국 심리적 어려움을 예방하거나 치유하기 위해서는 일상에서 자동적으로 떠오르는 내 생각이 타당한지를 현실에서 증거를 찾아 검증하고 현실 적응에 도움이 되는 대안적인 생각을 하려는 노력을 꾸준히 해야 한다.

앞으로 일상에서의 다양한 어려움에 대해 주로 심리적 어려움을 만들어내는 생각들을 살펴보는 내용으로 접근할 것이다. 필자가 선호하는 심리상담 접근법이 인지행동치료인 영향도 분명히 있지만, 단순히 한 권의 책으로 심리적 어려움을 겪고 있는 사람의 무의식을 다루거나 성격 구조를 변화시키는 데는 한계가 있기 때문이다. 다만 인지행동치료에서 내담자가 자신의 생각이 자신의 감정 및 행동에 미치는 영향을 이해하고 현실 적응적으로 생각하는 데 도움이 되는 유용한 도구로 책을 활용하는 것처럼 독자분들도 이 책을 읽음으로써 비슷한 도움을 받기를 간절히 기원한다. 그리고 인간은 자신이 겪고 있는 어려움이 '왜' 일어났는지를 이해하면 그 어려움을 받아들이고 보다 현명한 대처를 할 수 있다(유성경, 2018). 일상에서의 어려움이 왜 심리적 어려움이 되는지에 관해 필자가 하는 이야기가 심리적 어려움의 유일한 그리고 인과관계로서 명확하게 규명된 원인은 아니지만, 필자의 이야기를 통해 독자분들이 자신이 왜 심리적 어려움을 겪고 있는지 조금이나마 이해할 수 있을 것으로 기대한다.

· · ·

나는 내가 가둔다

주위를 둘러보면 자신의 능력을 믿지 못하고 스스로 제한하며 사는 사람들이 참 많다. 필자가 영어를 가르치고 있는 제자들 또한 그렇다. 어휘력을 키우고 주요 문법 사항을 숙지함에 따라 지문 해석과 문제 풀이 실력은 점점 느는데 시험마다 영어 성적은 그대로다. 필자의 제자들이 시험 불안증이 아니라면, 열심히 공부하기 전에 받았던 낮은 영어 성적이 영어에 대한 자신의 본실력을 증명한다고 믿기 때문에 이러한 믿음대로 이전의 성적이 나오는 것이다. 비단 필자의 제자들뿐만 아니라 많은 사람들이 과거의 실패에 얽매여 자신이 만족할 수 없는 낮은 목표만 세우거나 목표한 바를 이루기 위한 한 걸음을 내딛지 못한다. 물론 '오르지 못할 나무는 쳐다보지도 마라.'라는 속담이 옳을 때도 있다. 능력이나 상황을 고려하지 않은 과도한 목표는 회의감과 좌절감을 안겨줄 수 있기 때문이다. 슬프게도 이 세상에는 아무리 노력해도 안 되는 일이 노력하면 되는 일보다 더 많다. 하지만 과거의 실패 때문에 내가 나를 가두는 것 또한 좋지 않다.

과거의 실패에 얽매여 현재와 미래에도 실패할 것이라고 믿게 되는 심리적 원인은 여러 상담 이론을 통해 알 수 있다. 그중에서 캐나다 출신의 정신과 의사인 에릭 번Eric Berne이 창시한 교류분석transactional analysis 치료의 인생 각본이라는 주요 개념을 통해 알아보자. 인생 각본은 드라마의 대본처럼 개인이 자신의 인생이라는 드라마에 관해 세우는 상세한 인생 계획으로 어린 시절 부모와 타인의 영향으로 형성된다. 따라서 나의 능력 등에 대해 부모님과 타인이 부정적인 태도를 보이면 나는 부정적인 인생 각본을 형성한다. 특히 부정적인 인생 각본의 종류 중 하나인 패배자 각본을 가지고 산다면 늘 과거의 실패에 사로잡힌다. 누구나 성공 경험과 실패 경험 모두를 겪으며 살아간다. 그런데 내가 패배자 각본을 가지고 산다면 모든 경험 중에서 '나는 잘하는 게 하나도 없어.'라는 부정적인 믿음과 일치하는 실패 경험만 되돌아보며 '내가 그렇지 뭐. 역시 나는 잘하는 게 하나도 없어.'라고 부정적인 믿음을 더 강하게 유지한다. 문제는 '나는 잘하는 게 하나도 없으니까 어떤 일이든 결코 성공할 수 없고 항상 실패할 거야.'라는 부정적인 믿음이 자기 패배적인 행동을 하게 만듦으로써 실제로 어떤 일이든 할 때마다 실패하는 비극적 결말을 초래할 수 있다는 사실이다.

실패 경험은 어떻게 활용하는지에 따라 오히려 성공의 밑거름이 될 수 있다. 만약 과거의 실패에 사로잡혀 나의 능력에도 불구하고 앞으로도 계속 실패할 것이라는 믿음을 가지고 이로 인해 나를 스스로 가두고 있다면 그동안 패배자 각본에 따라 살아오지는 않았는지 되돌아보자. 교류분석 치료에서 '불행했던 과거와 비판적인 타인은 바꿀 수 없지만, 현재의 나는 나의 새로운 결정에 따라 얼마든지 바꿀 수 있다.'라고 하는 것처럼 내 인생 각본은 나의 인생이라는 드라마가 해피엔딩이 되도록 내가 다시 쓸 수 있다.

✳
쉬어가는 위로

당신의 과거가 상처만은 아니기를

당신이 지나온 과거가

고통과 눈물로 얼룩진 상처만은 아니기를.

경험과 지혜를 주우며 걸어온 길이기를.

· · ·

실수해도 괜찮아

많은 사람들이 시험, 발표presentation, 면접을 앞두고 불안해하거나 해당 장면에서 너무 긴장한 나머지 본 실력을 발휘하지 못한다. 이 또한 병적인 심리적 어려움이 아닐까, 하고 걱정할 필요 없다. 시험, 발표, 면접을 앞두고 또는 해당 장면에서 불안을 느끼고 긴장하는 것은 자연스러운 현상이다. 사실 발표나 면접에 숙련된 사람들도, 자존감이 높은 사람들도 모두 발표나 면접 장면에서 긴장한다고 한다. 다만 극심하고 지속적인 불안감으로 소화장애, 불면증 등과 같은 신체 증상이 나타나거나 온갖 이유를 대면서 시험, 발표, 면접을 회피하려고 한다면 이는 과도한 불안으로 심리적 어려움이라고 할 수 있다. 그렇다면 주변 사람들의 말처럼 당신이 능력이 부족하거나 자존감이 낮아서 과도하게 불안해하는 걸까?

대부분은 당신 자신과 타인에 대한 비합리적인 생각이 정신의학적으로 정식 진단명도 아닌 시험 불안증, 발표 불안증(또는 무대 공포증), 면접 불안증과 같은 심리적 어려움을 만들어내는 것이다. 먼저 지난번에 이야기했던 패배자 각본을 가지고 사는 사람이 자신에 대한 부정적인 믿음을 강화하고 유지하는 과정을 통해 또는 당신이 한두 번의 실패 경험을 과잉일반화하여 중요한 장면에서의 당신에 대해 '나는 이번에도 실패할 것이다.'라고 부정적이고 비관적으로 생각할 수 있다. 당신의 능력에 대한 부정적이고 비관적인 생각은 당신이 본실력을 발휘하지 못하도록 만든다. 또는 당신이 '완벽하지 않으면 실패'라는 이분법적인 생각을 가지고 중요한 장면에서 한두 번 실수했다고 당신의 수행 자체를 실패로 여긴다면 중요한 장면마다 실수를 하나라도 하지 않기 위해 과도하게 불안해하고 긴장할 수 있다. 그런데 인간의 뇌는 심한 스트레스 상황에서 기억력, 소통 능력, 자기 제어 능력 등이 떨어진다. 따라서 어떤 일이든 너무 잘하려고 할수록 오히려 잘하지 못하는 법이다.

다음으로 발표 대상인 청중이나 평가자인 면접관에 대한 '내가 실수를 하나라도 저지른다면 저 사람들은 바로 알아차릴 거야.'라는 비합리적인 생각이다. 몇몇 사람들은 심지어 '저 사람들은 내가 실수를 하나 안하나 매의 눈으로 지켜보고 있어.'라고까지 생각한다. 하지만 심리학 실험을 통해서도 밝혀졌듯이 다른 사람들은 당신에게 당신 생각만큼 관심을 기울이지 않는다. 그리고 청중이나 면접관은 그저 발표 대상이나 평가자일 뿐 당신을 공격하려고 벼르고 있는 적이 아니다. 물론 당신이 실수했을 때 이를 알아차리고 좋게 평가하지 않는 사람이 있을 수 있다. 다른 대인관계에서도 마찬가지인 것처럼 모든 사람이 당신을 좋게 평가할 수는 없기 때문이다(엄밀히 이야기하면 당신보다는 당신의 실수를 좋게 평가하지 않은 것이다). 그렇다고 하더라도 다른 사람들이 당신이 한두 번 실수했다고 무조건 부정적으로만 평가할 정도로 야박하지 않다. 따라서 발표나 면접 장면에서의 당신의 모습을 좋게 평가한 사람들이 대다수인데도 좋게 평가하지 않은 일부 사람들에게만 초점을 맞추어 '망했다.'라고 받아들이는 것은 정신적 여과라는 인지적 오류를 범하여 당신의 성공 경험을 실패 경험으로 만드는 것일 뿐이다. 이처럼 시험 불안증, 발표 불안증, 면접 불안증은 당신의 능력 부족이나 낮은 자존감보다는 당신의 생각이 만들어낸 심리적 어려움인 경우가 대부분이다.

그렇다면 시험, 발표, 면접에 대한 과도한 불안을 극복하려면 어떻게 해야 할까? 물론 몇몇 사람들의 주장처럼 당신의 능력에 부족한 점이 있어서 자신감이 생기지 않거나 자존감, 특히 자존감의 구성요소 중 하나인 자기효능감이 낮아서 과도한 불안이 발생하는 경우도 있다. 하지만 부족한 능력을 키우고 충분한 실전 경험을 쌓으라거나 자존감을 높이라는 뻔한 이야기는 하지 않겠다. 대부분의 과도한 불안은 생각을 바꾸면 당신이 감당할 수 있을 정도로 진정되기 때문이다. 다만 혹자의 조언처럼 '나는 멋있고 능력 있는 사람이야.' '나는 항상 잘 해낼 거야.' '나는 하나도 떨리지 않아.'와 같은 생각들을 반복하여 자기암시 한다고 해서 과도한 불안이 저절로 진정되지 않는다. 오히려 이러한 생각들을 떠올릴 때마다 당신이 지금 불안하다는 사실만 의식할 뿐이다. 이보다는 앞에서 이야기했던 것처럼 당신 자신과 타인에 대한 비합리적인 생각을 현실 적응에 도움이 되는 생각으로 바꾸는 것이 더 낫다. 비합리적인 생각 대신 현실 적응에 도움이 되는 방식으로 생각하는 방법은 지난번에 이미 소개했으므로 시험, 발표, 면접 장면에서 당장 써먹을 수 있는 방법을 소개한다. 바로 오스트리아 출신의 정신과 의사이자 대표적인 실존주의 심리치료자 중 한 명인 빅터 프랭클Viktor Frankl이 소개한 역설적 의도paradoxical intention이다. 역설적 의도는 개인이 불안해하는 상황이 발생할까 봐 불안해하는 대신 오히려 그 상황이 발생하도록 의도적으로 행동하거나 그 상황이 발생하기를 바라는 것이다. 즉, 시험, 발표, 면접에서 실수할까 봐 불안해하는 대신 오히려 실수하려고 노력하는 것이다. 어이없는 이야기 같겠지만, 인간이 어떤 상황에서 과도한 불안을 느끼는 원인 중 하나는 자신이 통제할 수 없는 상황에 대한 두려움이다. 그리고 인간에게는 청개구리 심보가 있다. 즉, 어떤 생각이나 행동을 하지 않으려고 하면 할수록 그 생각이나 행동에 더 집착하게 된다. 따라서 시험, 발표, 면접에서 오히려 실수하려고 노력할수록 실수하는 행위에 대한 통제감을 느낄 수 있고 실수하면 안 된다는 강박적인 생각을 멈출 수 있으므로 역설적으로 마음이 편해진다. 인간은 마음이 편해야 실수하지 않는다.

지금까지 많은 사람들이 과도한 불안의 악순환에

빠지게 만들고 본실력을 발휘하지 못하게 하는 시험 불안증, 발표 불안증, 면접 불안증의 주요 원인으로 실수에 대한 강박을 이야기했다. 실수에 대한 강박 역시 당위적인 생각이 밑바탕이다. 바로 '나는 모든 일을 완벽하게 수행해야만 해. 작은 실수 하나라도 저질러서는 안 돼. 완벽하지 않으면 실패니까 실수는 곧 실패야.'라는 생각이다. 그런데 실수에 대한 파국화와 완벽함에 대한 집착은 몸과 마음을 굳게 하여 잘하려고 할수록 오히려 잘하지 못하게 만든다. "될 대로 돼라."라는 말이 가끔 옳을 때도 있다. 당신이 당신에게 해 줄 말은 "실수해도 괜찮아."이다.

· · ·

당신이
담배를 끊지 못하는 이유

'금연' 많은 흡연자들이 매년 새해 다짐 목록에 빠지지 않고 올리는 목표다. 하지만 새해를 맞이하며 했던 굳은 결심은 번번이 담배꽁초와 함께 꺾이고 만다. 과연 흡연자들은 자신이 매일 마시는 담배 연기에 4,000종 이상의 독성 화학물질과 70여 종에 이르는 발암물질이 포함되어 있다는 사실을 모를 정도로 무지한 걸까? 그거 하나 안 하는 게 그렇게 힘들 정도로 의지가 약한 걸까? 모두 아니다. 담배는 건강에 백해무익하다는 사실을 알면서도 의지만으로는 끊기 어렵다. 오죽하면 몇 년 전 보건복지부에서 진행했던 금연 캠페인에

서 "흡연은 질병입니다. 치료는 금연입니다."라고 했을
까. 실제로 DSM-5*에서 정신질환 중 하나로 분류하는
물질 관련 및 중독 장애에는 타바코(담배) 관련 장애가
하위 장애로 포함되고 있다.

그렇다면 담배는 왜 끊기 어려운 걸까? 모든 종류
의 담배는 니코틴이라는 강력한 중독 물질을 포함하고
있다. 담배를 피우면 니코틴이 빠르게 혈관에 흡수되어
뇌에 도달하고 뇌에 존재하는 니코틴 수용체와 결합하
여 도파민의 급격한 분비를 촉진한다. 그런데 도파민이
행복과 삶의 의욕을 느끼게 하는 신경 전달 물질이기
때문에 니코틴은 강한 중독성을 가진다. 특히 니코틴
이 흡수되는 속도는 담배를 피울 때가 니코틴 패치, 니
코틴 껌 등과 같은 금연 보조제를 사용했을 때보다 훨

• Diagnostic and Statistical Manual of Mental Disorders, Fifth Edition, '정
  신질환 진단 및 통계 편람: 5판'으로 번역되며 미국 정신의학회에서 발
  행한다.

씬 더 빠르므로 금연 보조제를 사용하더라도 담배를 끊기 어렵다. 실제로 담배를 피울 때 호흡을 통해 폐로 들어간 니코틴은 10초도 걸리지 않아서 뇌에 도달한다고 한다. 물론 니코틴이 인체에 미치는 영향이 흡연자들이 강한 금연 의지에도 불구하고 계속 담배를 피우는 유일한 원인은 아니다. 지금부터는 담배를 끊기 어렵게 만드는 심리적 원인에 대해 알아보자.

첫 번째는 행동주의적 관점으로, 인간의 행동 대부분이 후천적으로 학습된다고 보는 행동주의 치료의 주요 개념 중 하나인 조건 형성을 통해 설명할 수 있다. 흡연자 대부분은 스트레스를 받을 때 담배를 피운다. 담배를 피울 때 분비가 촉진되는 도파민은 행복과 의욕뿐만 아니라 두려움에도 관여하는 신경 전달 물질이다. 따라서 담배를 피우면 도파민의 영향으로 스트레스로 인한 긴장과 불안이 완화되는 듯한 기분을 느낀다. 이와 같은 경험을 몇 번 겪고 나면 스트레스를 받을 때마다 심리적 안정을 찾고자 자동적으로 담배를 입에 무는 조건이 형성된다. 초조하거나 짜증이 날 때마다 담배 생각이 간절해지는 사람들은 이러한 조건이 형성되었다고 볼 수 있다.

두 번째는 정신분석적 관점으로, 어렸을 때 충족되지 않은 욕구가 담배를 끊기 어렵게 만드는 원인일 수 있다. 생애 초기 주 양육자에게 적절한 보살핌을 받지 못해 불안형 애착을 형성한 사람은 충족되지 않은 애착 욕구를 성인이 된 뒤에도 다른 대상을 통해 끊임없이 충족시키려고 한다. 이때 그 대상이 타인이라면 상대방에게 과도하게 매달리는 등 관계 문제로 인해 또 다른 심리적 어려움을 겪을 수 있고, 그 대상이 물질이라면 특정 물질에 과도하게 의존할 수 있다. 즉, 담배에 과도하게 의존함으로써 마음속 결핍을 채우려고 하다 보니 담배를 끊기 어려운 것이다. 또는 구강기*에 충족되지

• 프로이트가 구분한 인간 발달단계의 첫 번째 단계로 본능적 쾌락 욕구

않은 리비도를 담배를 물고 빠는 행위를 통해 충족시키려고 하는 것이 담배에 의존하는 원인일 수 있다.

담배는 생화학적 원인뿐만 아니라 심리적 원인에 의해서도 의지만으로 쉽게 끊을 수 있는 것이 아니다. 그런데 '그러니까 어쩔 수 없네요.'라고 결론지으면 금연을 시도하거나 주변 사람에게 금연을 권유하려는 당신이 얼마나 황당하겠는가? 그러므로 금연에 도움이 되는 행동주의 치료기법 세 가지를 소개한다. 첫 번째 방법은 내면적 독백 변화시키기다. 그동안 금연을 결심했는데도 다시 담배를 피울 때마다 '지금까지 많이 참았는데 딱 한 개비 정도는 괜찮잖아.' '진짜 마지막이야. 오늘까지만 피우자.'라고 내면적 독백을 했다면 지금 이 순간부터 멈추자. 그 대신에 '지금까지 잘 참았는

또는 무의식의 원동력인 성적 에너지라고 설명되는 리비도(libido)가 입 주변에 집중된다.

데 이 한 개비를 피움으로써 금연에 실패하면 그동안 참아온 시간과 노력이 아깝잖아.' '금연은 누가 강요한 게 아니라 나의 건강을 위해 내가 한 선택이야.'와 같이 금연 실천에 도움이 되는 내면적 독백을 하도록 하자. 두 번째 방법은 사고 중지다. 담배를 피우고 싶다는 생각이 들 때마다 자신을 향해 "멈춰!" "그만!"이라고 소리치도록 하자. 세 번째 방법은 습관 반전 훈련이다. 습관 반전 훈련은 실제로 금연 클리닉에서 많이 활용하고 있는 방법이다. 담배를 피우고 싶은 충동이 들 때마다 사탕을 빨아 먹거나 양치질하자. 지금까지 소개한 행동주의 치료기법들 또한 의지만으로는 실천하기 쉽지 않겠지만, '나는 담배를 끊을 수 있다.'라는 믿음으로 꾸준히 실천한다면 금연에 성공할 수 있을 것이다.

쉬어가는 위로

담배를 끊었어야 했는데

담배가 연기로 점점 짧아져 갔던 순간에는

몰랐어요.

그 사람과 함께 할 시간도

점점 짧아지고 있었다는 사실을.

담배 연기를 그렇게나 싫어하던 사람이었는데.

. . .

말 한마디에
천 냥 빚도 갚는다

　대인관계 문제는 심리적 어려움의 결과가 되기도
하지만, 역으로 심리적 어려움의 원인이 되기도 한다.
그렇다면 심리적 어려움을 겪고 있는 사람에게 대인관
계에 서투른 책임을 물어야 할까? 아니다. 인간을 사회
적 동물이라고 하지만 모든 사람이 훌륭한 대인 관계
기술을 타고나는 것은 아니기 때문이다. 당신이 아는
모든 사람과 잘 지내야만 하는 것은 아니지만, 사람을
한자로 인간人間이라고 하듯이 모든 욕구를 스스로 충
족할 수는 없다. 게다가 일상 속 다양한 상황에서 다른
사람과 맞닥뜨릴 수밖에 없으므로 필요한 만큼의 대인

관계는 불가피하다.

대인관계만큼 '말 한마디에 천 냥 빚도 갚는다.'라는 속담이 잘 적용되는 것도 없다. 물론 호감 가는 첫인상, 협동이 필수인 활동 등 또한 대인관계가 형성되게 한다. 하지만 모든 대인관계는 의사소통을 통해 형성되고 유지된다고 해도 과언이 아니다. 따라서 의사소통을 잘하는지 그렇지 않은지가 대인관계를 잘하는지 그렇지 않은지를 결정한다. 필자는 스피치 관련 전문가가 아니다 보니 소위 '의사소통 잘하는 법'을 알려줄 수 없지만, 심리상담에서 상담자가 내담자와 신뢰로운 관계를 형성하기 위해 활용하는 대화 기술이 대신 도움을 줄 수 있다고 생각한다. 내담자가 자신의 이야기를 할 수 있도록 안전감을 느끼게 하고 상담자를 신뢰할 수 있도록 하는 기본적인 대화 기술 중에서 특히 대인관계를 위한 의사소통에 도움이 될만한 세 가지를 소개한다.

첫 번째로 상대방이 기분 나쁜 말을 하면 상대방에 대한 비난보다는 당신이 상대방의 말을 듣고 느낀 감정만 표현한다. 사람들은 흔히 상대방에게 자신의 기분이 조금이라도 나빠지는 말을 들으면 그 즉시 상대방에 대한 비난의 말을 쏟아붓는다. 물론 먼저 기분 나쁜 말을 한 상대방이 잘못이지만, 상대방을 비난하는 말로 맞받아치면 싸움만 일어난다. 그러므로 당신이 상대방의 말을 듣고 느낀 감정만 표현하는 것이 더 현명하다. "감히 나에게 그런 말을 하다니. 너는 참 몹쓸 사람이구나."보다 "나는 네가 방금 한 말을 들으니 화가 나네."가 낫다는 이야기다. 상대방은 공감 능력이 부족한 사람이 아닌 이상 당신의 현명한 반응에 자신이 했던 말을 반성할 것이다.

두 번째로 상대방의 말에 진정한 관심을 가진다. 경청은 심리상담 장면에서 상담자에게 기본적으로 요구되는 자세일 뿐만 아니라 수많은 책들과 강의들에서 강조하는 대표적인 의사소통 기술 중 하나이다. 그런데 경청이 상대방의 말소리만 잘 듣는 자세를 의미하는 것은 아니다. 상대방이 진정으로 전달하고자 하는 말의 내용까지 잘 듣는 자세를 의미한다. 경청을 잘하기 위해서는 상대방이 부담스러워하지 않을 빈도로 눈을 마주치면서 상대방이 말을 이어갈 수 있도록 고개를 끄덕이거나 '음, 오, 아, 예'와 같은 음성반응을 해줘야 한다. 그리고 상대방이 하는 말의 내용이 당신의 관심 분야나 가치관과 다르더라도 관심을 완전히 꺼버리기보다는 상대방도 하고 싶은 말을 자유롭게 할 권리가 있다는 사실을 인정하고 핵심 내용만큼은 선택적으로 잘 들어줄 필요가 있다. 인간은 자신의 마음에 담긴 말을 충분히 비워내야 다른 사람의 말을 들을 수 있다. 따라서 상대방이 당신의 말을 잘 들어주기를 바란다면 당신도 상대방의 말을 충분히 들어줘야 한다.

마지막으로 질문은 '적당히'가 아니면 하지 않는 것이 좋다. 질문은 관심의 표현이고 대화의 시작이라고 알고 있었는데 이게 무슨 이야기지, 하고 의아할 수도 있겠다. 질문은 적절한 타이밍에 적당히만 하라는 이야기다. 많은 사람들이 자신이 잘하지 못하는 분야에 관한 기술을 배우면 그 기술을 제대로 이해하여 적절하게 활용하기보다는 그저 따라만 하는 경향이 있는 것 같다. 의사소통에 서투른 사람들 중 일부도 마찬가지로 대화 중에 질문을 활용하라는 팁을 배우면 다른 사람과 대화할 때 질문을 활용하기는 하지만, 먼저 던졌던 질문에 상대방이 대답을 끝마치기 전에 또 다른 질문을 하는 모습을 보인다. 그런데 사람들은 보통 자신이 하는 말이 다른 사람의 방해로 끊기면 기분이 나빠질 뿐만 아니라 심지어 끼어든 사람에게 적대감을 느끼기까지 한다. 게다가 쉴 새 없이 질문을 받으면 심문당하는 기분이 들 수 있다. 따라서 질문을 하나 하고 나면 상대방에게 그 질문과 대답에 관해 생각할 수 있는 충분한 시간을 주도록 하자. 그리고 계속해서 새로운 주제에 관한 질문을 하기보다는 앞서 했던 질문의 주제와 관련된 또 다른 질문을 적당히 하는 것이 좋다. 만약 상대방에게 계속 질문을 하는데도 대화가 툭툭 끊긴다면 개방형 질문을 활용해보자. 개방형 질문은 질문에 대하여 열린 답이 가능해 상대방이 자유롭게 답할 수 있는 질문 형태이다. 예를 들어, "어린이날에 아드님과 영화 보셨어요?"대신 "어린이날에 아드님과 어떻게 보내셨어요?"라고 질문하는 것이 대화가 끊기지 않고 이어질 확률이 높다.

상담자와 내담자의 관계는 일상에서의 대인관계와 분명히 다르다. 다만 대인관계에서도 상담자와 내담자의 관계에서와 마찬가지로 서로에 대한 진정한 관심과 배려는 중요하다. 이러한 점에서 상담자가 내담자와 치료적 상호작용을 하기 위해 활용하는 대화 기술들을 대인관계에서 활용한다면 상대방에게 의도치 않게 상처를 주거나 적대감을 불러일으키는 일을 줄일 수 있다고 생각한다. "사람은 사람에 의해서 상처를 입지만, 또한 사람에게 치유받는다."라는 말이 있다. 당신이 다양한 대화 기술을 잘 활용하여 대인관계에서 치유만 받기를 간절히 기원한다.

· · ·

시작부터 아픈 사랑은
사랑이 아니었음을

영화와 드라마를 봐도, 노래를 들어도, 책을 읽어도 온통 사랑 이야기다. 마치 인간이 오직 사랑만 하기 위해 태어난 것 같다. 2018년 작고한 세계적인 천체물리학자 스티븐 호킹Stephen W. Hawking 또한 "당신이 사랑하는 사람에게 집이 아니라면 우주는 대단한 곳이 아닙니다."라고 말하지 않았던가. 심지어 그 대상인 사람을 운명이라고까지 표현하는 사랑은 어떻게 시작되는 걸까? 먼저 자손을 위해 자신에게 부족한 유전적 형질을 보완해줄 수 있을 것 같은 상대의 육체적 매력에 본능적으로 끌리기 때문이라는 가설이 있다. 그리고 도파민, 페닐에틸아민, 옥시토신 등 호르몬의 작용 때문이라는 가설도 있다. 물론 심리적 원인에 의해서도 사랑이 시작될 수 있다. 그런데 사랑이 아름다운 사랑만 있는 것은 아니다. 특히 어린 시절의 상처로 인해 시작된 사랑은 아름답기만 하지 않다. 어린 시절 부모와의 관계에서 입은 상처가 성인이 된 뒤의 사랑에도 영향을 미치기 때문이다. 부모님은 부모님이고 연인은 연인인데 과거의 상처가 어떻게 현재의 사랑에까지 영향을 미친다는 것인지 지금부터 알아보자.

누군가를 사랑할 때 다음과 같은 궁금증이 들 것이다. 나는 왜 수많은 사람들 중에서 그 사람을 사랑할까? 심리학에서는 이 질문에 대한 답 중 하나로 유사성 similarity을 이야기한다. 즉, 나와 비슷한 점이 많은 사람에게 끌린다는 것이다. 이러한 유사성의 원리가 어린 시절 부모와의 관계에서 입은 상처와 결합하면 아름답지 않은 사랑의 시작이 될 수 있다. 흔히 천생연분이라고 하는 것처럼 비슷한 사람끼리 잘 맞는다는데 유사성의 원리로 시작된 사랑이 오히려 아름답지 않다니 이게 대체 무슨 이야기일까? 필자가 언급한 유사성의 원리는 인간이 자신이 가진 마음의 상처와 비슷한 마음의 상처가 있는 사람을 기가 막히게 알아본다는 것이다. 마음의 상처가 있는 사람은 아름다운 사랑을 할 수 없다는 것은 아니다. 다만 비슷한 상처가 있는 사람들끼리 연인이 되면 서로에게 서로의 어린 시절을 재현하여 똑같은 상처를 줄 수 있다. 프로이트의 주장에 따르면, 인간은 과거의 고통스러운 상황을 반복하려고 하는 강박을 가지고 있다. 따라서 인간은 어린 시절 부모와의 관계를 재현하고자 자신의 상처와 비슷한 상처가 있는 사람과 무의식적으로 사랑에 빠지고 연인관계를 맺는다. '자식은 부모의 거울이다.' '상처는 대물림된다.'라고 하는 것처럼 인간은 성장 과정에서 겪은 부모의 모습, 특히 자신에게 상처를 준 부모의 반응양식을 지니게 된다. 비록 내가 부모님께 받은 상처가 있고 이로 인해 부모님을 원망하는 마음을 가지고 있어서 그리하기 싫더라도 무의식의 작용뿐만 아니라 학습에 의해서도 그리하게 된다. 즉, 마음의 상처가 있는 나도, 비슷한 상처가 있는 연인도 각자의 부모님이 각자에게 보인 반응양식을 알게 모르게 지니고 있다. 결국 상처의 유사성으로 인해 무의식적으로 선택한 연인은 어린 시절의 부모님을 대신하는 존재다. 어쩌면 어린 시절 부모님과의 관계에서 엄청난 고통을 겪었는데 이를 반복하려고 하는 강박을 가진다는 주장이 상식적으로 이해가 가지 않을 수도 있겠다. 사실 이러한 무의식적 욕구는 내가 만족할 만큼 충분한 애정을 주지 못했기 때문에 상처를 줬던 부모님 대신 어린 시절의 부모님과 닮은 연인에게 충족되지 않은 애정에 대한 욕구를 충족시키려고 하는 것이다. 그런데 상처의 유사성이 아름답지 않은 사랑의 시작이 아니라 반대로 어린 시절의 상처에 대한 치유의 시작이 될 수 있다. 상처와 치유 모두 관계에서 발생하기 때문이다. 실제로 정신분석 치료 등을 이론적 배경으로 하는 이마고 부부관계치료에서는 배우자를 어린 시절의 상처를 치유하기 위해 꼭 필요한 협력자로 본다. 왜냐하면 내가 상처의 유사성으로 인해 무의식적으로 선택한 배우자는 나와 마찬가지로 어린 시절 부모님 등 주 양육자와의 관계에서 상처를 입었으므로 배우자와 서로의 상처에 공감하는 관계의 힘을 통해 서로가 가진 상처를 치유할 수 있기 때문이다.

아름답지 않은 사랑은 '결국 인생은 혼자다.'라는 사실을 회피하려고 할 때 또한 시작된다. 어빈 얄롬에 따르면, 실존적 불안을 유발하는 요인 중 하나는 소외다. 인간은 근원적인 소외를 지닌다. 쉽게 이야기하면 인간은 누구나 죽을 때 혼자다. 하지만 인간은 자신이 혼자라는 사실을 인식하면 불안과 함께 외로움으로 인한 공허감을 느낀다. 따라서 인간은 자신이 혼자라는 사실을 회피하기 위해 끊임없이 다른 대상(신, 타인, 반려동물, 약물 등)과 관계를 맺는다. 물론 다른 대상과의 관계는 인간에게 필수적이므로 무조건 나쁘게 볼 것은 아니다. 그리고 독일의 유대인 사상가인 마르틴 부버

Martin Buber가 이야기했던 나-너의 관계는 적절하다. 문제는 다른 대상과 나-그것의 관계를 맺을 때 발생한다. 즉, 내가 누군가를 단지 외로움을 해소하기 위한 수단으로 여겨서 연인관계를 맺을 때 아름답지 않은 사랑이 시작된다. 물론 혹자는 사람들이 외로우니까 다른 사람과 사귀거나 결혼하는 거 아니냐고 물어볼 수도 있겠다. 하지만 내가 연인을 외로움을 해소하기 위한 수단으로만 여기면 연인도 나와 마찬가지로 개인의 자유와 가치관 등이 있는 '사람'이라는 사실을 잊어버린다. 따라서 연인을 소유하려 하거나 연인에게 나의 기준을 강요하는 이기적인 사랑을 한다. 이기적인 사랑은 아름다운 사랑이라고 할 수 없다.

　마지막으로 이야기할 아름답지 않은 사랑은 게임이다. '사랑은 게임이다.'라는 이야기를 하려는 것이 아니다. 교류분석 치료의 주요 개념 중 하나인 게임은 개인이 생애 초기 형성한 인생 태도(자신과 타인에 대한 태도)를 확인하기 위해 표면과는 다른 숨겨진 동기를 가진

채 하는 상호작용의 한 형태이다. 그리고 개인은 무의
식적 행동처럼 자신이 게임을 하고 있다는 사실을 의식
하지 못한다. 게임인 사랑의 과정을 다음의 예를 통해
간단히 알아보자. '나는 사랑스럽지 않기 때문에 여자
들에게 차일 것이다.'라는 자신에 대한 부정적인 믿음
을 가진 남성 C씨가 있다. C씨는 자신이 가진 부정적인
믿음을 확인하기 위한 게임을 하려 한다는 사실을 의식
하지 못하지만, 자신을 가차없이 찰 수 있는 여성을 기
가 막히게 알아보고 연인관계를 시작한다. 그리하고 나
서 밤새 다른 여성과 단둘이 술을 마신 사실을 여자친
구가 먼저 묻지도 않았는데 털어놓는 등 무의식적으로
극단적인 행동을 통해 여자친구를 시험한다. 참다못한
여자친구는 잠수 이별을 한다. 결국 C씨는 이러한 결말
을 가지고 '역시 내 믿음대로 나는 사랑스럽지 않기 때
문에 여자친구도 다른 여자들처럼 나를 찬 거야.'라고
자신이 가진 부정적인 믿음을 증명한다. 이처럼 게임인
사랑 역시 아름답지 않다.

지금까지 이야기한 내용을 보고 심리적 원인으로 시작된 사랑은 모두 아름답지 않다고 오해하지 않기를 바란다. 심리적 원인으로 시작되어도 얼마든지 아름다운 사랑일 수 있다. 다만 마음속 결핍을 채우기 위해 사랑으로 착각한 감정이 아름답지 않다고 이야기했을 뿐이다. 이성보다 감정이 앞서면 심리적 건강을 위한 선택이 어렵다. 만약 지금 하는 사랑에서 연인과 서로 상처만 주고받고 있다면, 즉 시작부터 아픈 사랑이라면, 나 자신과 연인을 객관적으로 돌이켜보고 두 사람 모두에게 최선인 선택을 하여 삶의 진정한 행복 중 하나인 사랑을 아름답게 해야 한다.

쉬어가는 위로

I, My, Me

내가 있어야 나에게 소중한 사람도 있습니다.

· · ·

그렇게 봄은 또 온다

　　연애를 시작하면 봄이 온다고들 한다. 연애할 때 느끼는 행복이 덥지도 춥지도 않은 딱 좋은 날씨가 이어지고 싱그러운 꽃향기가 물씬 나는 봄에 느끼는 행복과 같기 때문이겠다. 그런데 나는 왜 혼자 겨울에 있을까? 다시 이야기해서 내 연애의 끝은 왜 이렇게 아플까? 과연 나에게도 봄은 다시 올 수 있는 걸까? 필자가 SNS를 통해 많은 분들의 고민을 듣다 보면 대부분은 연애와 관련된 고민이다. 특히 이별 후유증으로 심한 고통을 겪고 있는 분들이 털어놓은 고민이 거의 전부이다. 이별은 봄이던 연애의 새드 엔딩이자 사랑하는 사람의 상실이다. 사랑하는 사람을 잃으면 당연히 마음이 아프다. 하지만 이별 후유증 역시 상담 이론을 통해 조금이나마 극복할 수 있다. 지금부터 이별 후유증을 극복하는 방법에 대해 알아보자.

사람들은 흔히 이별 후유증이 너무 크면 자신과 연인이 헤어졌다는 사실까지 부정하기에 이른다. 그 대신에 자신과 연인이 지금 잠시 떨어져서 생각할 시간을 가지는 중이고 언젠가는 이전의 관계로 되돌아갈 것이라는 명백히 사실이 아닌 믿음을 위안으로 삼는다. 하지만 고통스러운 사건이 실제로 발생하였고 이로 인해 내가 지금 고통스럽다는 사실을 인정하고 받아들이는 것이 심리적 어려움에 대한 치유의 시작이다. 호스피스 운동의 선구자이자 정신과 의사인 엘리자베스 퀴블러 로스Elizabeth Kubler Ross 또한 애도의 5단계 중 마지막 단계로 수용을 이야기하였다. 이제는 내가 이별했다는 사실을 인정하고 받아들여서 이별의 아픔과 슬픔을 눈물로 충분히 흘려보내자.

주변 사람들이 위로랍시고 "누구나 이별을 겪어. 그만큼 힘들어했으면 됐잖아. 시간이 약이야."라고 하는 말을 받아들이지 않는 것이 좋다. 괜히 이러한 말을 받아들여서 '다들 겪는 이별에 나만 너무 유난 떠는 건가?'라고 자책하거나 이별의 아픔과 슬픔을 애써 숨길 필요 없다. 주변 사람들의 말과 달리 이별은 사소한 사건이 아니기 때문이다. 물론 '회자정리會者定離'라는 사자성어처럼 만남이 있으면 반드시 헤어짐이 있는 법이다. 하지만 갑작스럽게 찾아온 이별은 큰 고통을 남기는 사건이다. 실제로 이별은 단순히 시간이 지나면 무덤덤해지는 사건이 아니라 이별 후유증을 제대로 다루지 않으면 당사자에게 깊은 상처를 남기고 심지어 외상 후 스트레스 장애PTSD나 우울증까지 겪게 할 수 있는 충격적인 사건이다. 즉, 내가 원하지 않은 이별은 힘든 것이 당연하다는 이야기다. 따라서 이별 후 나의 모든 감정은 옳다.

많은 사람들이 연인과 헤어지면 이별의 모든 원인

을 다 자기 탓으로 돌려서 자존감을 낮춘다. 하지만 교통사고에서도 100 대 0 과실은 거의 없는데 어떻게 이별의 모든 원인이 다 자기 탓일까? 갑작스럽게 이별을 통보받았더라도 전 연인이 한동안 사랑했던, 아직 사랑하고 있을지도 모르는 만큼 나는 사랑받을 자격이 있는 사람이라는 사실을 잊지 말자. 몇 번의 이별 경험으로 '내가 사랑하는 사람이 나와 연인관계를 지속하지 못할 정도로 나는 문제가 많은 사람이야.'라고 자기 비하할 필요 없다. 거의 모든 이별은 두 사람 모두의 책임이다. 두 사람 모두 잘못이라는 이야기가 아니라 단지 서로 맞지 않는 부분이 있어서 연인관계를 지속하기 어려웠을 뿐이라는 이야기다. 이와 같은 사실을 인정하기 어려우면 지난 연애에서 나와 연인이 서로에게 좋았던 점과 좋지 않았던 점을 적어보자. 이때 주변 사람들에게 나의 좋은 점과 좋지 않은 점에 대해 물어보면 이러한 작업의 객관성을 높일 수 있다. 이러한 작업을 통해 깨달은 내가 연인관계에서 특히 나타내는 좋지 않은 점을 개선한다면 다음 연애에서 이번 연애와 똑같은 결말을 맞이하지 않을 수 있을 뿐만 아니라 지난 이별 경험을 오히려 심리적 성장을 이룰 기회로 삼을 수 있다.

이별하고 나서 영화 및 드라마 속 이별 장면들을 돌려보거나 슬픈 발라드를 들으면서 그 주인공에게 감정 이입 하는 것을 위안으로 삼는 사람들이 꽤 많은 것 같다. 사랑하는 사람을 잃은 자신이 마치 비련의 주인공인 양 슬픔에 빠지는 행위를 위안으로 삼는 것이다. 물론 이별 직후에는 영화 및 드라마나 노래 속 주인공과 나를 동일시하는 행위가 억누른 슬픔을 눈물로 흘리게 함으로써 감정 정화를 도울 수 있다. 하지만 이러한 행위를 오랜 시간 반복하는 것은 이별 후유증 극복에 도움이 되지 않는다. 감정 정화 자체만으로 치유 효과가 있기는 하지만 심리적 어려움을 근본적으로 해결하기는 어렵고 이러한 행위를 반복하는 것은 이별 후 슬픔을 단순히 상기만 할 뿐이다. 부정적 감정에의 직면과 수용은 심리적 어려움의 치유에 도움이 된다고 했지만,

부정적 감정의 단순한 상기는 부정적 감정에 익숙해지게 할 뿐이다. 인간의 뇌는 익숙함을 선호하므로 슬픔에 익숙해지면 슬픔이라는 익숙한 감정을 계속 유지하려고 한다.

'자라 보고 놀란 가슴 솥뚜껑 보고 놀란다.'라는 속담이 있다. 인간은 생존본능으로 인해 고통스러운 사건을 겪으면 같은 고통을 다시 겪지 않기 위해 그 사건을 떠올리게 하거나 비슷해 보이는 모든 것을 피한다. 이별을 겪은 나의 모습이 이렇지 않을까? 이별 후유증이 너무 고통스러웠던 나머지 새로운 연애의 기회가 찾아오더라도 지난 연애와 같은 결말을 맞이하여 또 고통스러울까 봐 겁을 내고 피한다. 분명한 사실은 지금 나에게 다가온 사람과 새드 엔딩을 남겼던 그때 그 사람은 다른 사람이라는 것이다. 게다가 다시 이별이 와서 또 이별 후유증을 겪을까 봐 불안해할수록 또 다른 이별은 더 빨리 찾아올 뿐이다.

지금까지 누구나 겪을 수밖에 없어서 흔하지만 사

소하지 않고 다양한 후유증을 남길 만큼 충격적인 이별에 대해 상담 이론을 통해 접근해보았다. 연애의 시작은 달콤하지만 그 끝은 쓰다. 끝이 쓸수록 다시 시작하기 어렵겠지만, 이번 이별이 내 모든 사랑의 끝은 아니다. 그러므로 이미 나를 떠난 그 사람이 내가 사랑할 수 있는 마지막 사람이라고 생각하지 말자. 꽃이 지더라도 계절이 바뀌면 다시 피는 것처럼 그렇게 봄은 또 온다.

쉬어가는 위로

Crying

당신이 누군가와의 이별에서
마음껏 슬퍼하기를.

아픔과 슬픔
후회와 미련
이별 후 모든 남은 것들을 씻어낼 수 있도록
펑펑 울기를.

그러려니 저러려니

　회사원이 직업인 사람이라면 재택근무하는 경우를 제외하고 일상에서 가장 많은 시간을 보내는 장소는 회사일 것이다. 따라서 회사에서 겪는 다양한 스트레스는 심리적 어려움이 될 수 있는 일상에서의 다양한 어려움에 해당하거나 그 자체로 심리적 어려움이다. 필자도 회사생활을 5년 넘게 해봤으므로 고작 이 짧은 글로는 사람을 죽음까지 몰고 갈 수 있는 직장 스트레스를 해소할 수 없다는 사실을 인정한다. 게다가 필자는 회사원으로 사는 삶에 염증을 느껴서 새로운 꿈을 찾고자 회사를 그만둔 지 벌써 3년이 다 되어 간다. 다만 상담 이론을 통해 직장 스트레스를 심리적 어려움으로 만들지 않고 충분히 대처할 수 있는 작은 어려움 정도로만 여길 수 있다.

회사에서 일어나는 사건은 너무나 다양하고 그중에서 어떤 사건이 어떻게 스트레스가 되는지는 사람마다 다르지만, 직장 스트레스는 주로 업무와 사람 때문으로 보인다. 먼저 업무로 인한 스트레스는 과도한 업무량 때문인 것도 있지만, 직무에 대한 비합리적인 생각 때문인 것이 대부분이다. 따라서 인지행동치료, 특히 합리적 정서행동치료의 접근이 유용하다(합리적 정서행동치료의 주요 개념이 잘 생각나지 않는 독자분들은 1장의 〈주요 상담 이론에는 어떤 것들이 있을까?〉를 다시 읽어보기를 바란다). 물론 직무를 잘 수행한다면 상사와 동료의 인정을 받을 수 있고, 업무상 실수를 저지른다면 회사에 손해를 입힐 수 있으며 심지어 그에 대한 책임으로 해고까지 당할 수 있다. 따라서 직무를 잘 수행할 필요 없거나 업무상 실수를 저질러도 무조건 괜찮은 것은 아니다. 다만 '나는 내가 담당하는 모든 업무를 완벽하게 수행해야만 해.'라는 당위적인 생각이나 '일하면서 실수를 하나라도 저지른다면 나는 회사에서 잘릴 거야.'와 같은 파국화는 멈출 필요가 있다. 회사원은 신이 아니라 사람이므로 완벽할 수 없다. 역량이 부족한 분야는 교육 및 훈련 등의 노력을 통해 역량을 키우면 되고 업무상 실수는 최소화하도록 주의하면 충분하다. 직무에 대한 또 다른 당위적인 생각에는 '나는 모든 상황에 대하여 대비가 되어 있어야만 해'가 있다. 세상 모든 일이 다 그렇듯이 현실적으로 모든 상황을 완전히 통제할 수는 없다. 직무를 수행하다 보면 늘 예기치 못한 상황이 발생하기 마련이므로 모든 상황을 예상하여 그에 대한 대비책을 마련해야 한다는 생각은 현실적으로 실현 불가능하다. 과거 경험에 비추어 볼 때 발생 가능성이 큰 몇 가지 상황만 선별하여 이에 대비하는 계획을 마련해놓는 것이 내가 할 수 있는 최선이다. 예기치 못한 상황은 발생한 뒤에 '그러려니' 하고 대처하는 수밖에 없다. 지금까지 이야기한 직무에 대한 당위적 생각 외에 업무로 인한 스트레스를 만들어내는 생각은 또 뭐가 있을까? 바로 퇴근하고 나서도 좀처럼 멈추지 못하는 미처 끝내지 못한 업무나 다음 날 해야 하는 업무에 관한 생각이 있다. 사실 집에 업무를 들고 오지 않은 이상 계속 이에 관해 생각해봤자 남은 업무를 마치거나 업무를 미리 할 수 없다. 그러므로 회사에서 벗어나는 순간 업무에 관한 생각은 멈추는 것이 현명하다. 1분 1초가 소중한 휴식 시간을 아무런 업무적 결과물도 남기지 않는 생각으로 날려서 스트레스를 누적하지 않아야 한다. 일은 일이고 나는 나다. 모든 생물은 쉴 때 제대로 쉬지 않으면 소진될 수밖에 없다. 특히 소위 '워커홀릭' 중 몇몇은 '내가 없으면 이 회사는 제대로 돌아가지 않아.' '회사의 모든 업무는 내가 다 해.'라는 생각까지 한다. 직원 수가 극히 적은 소규모의 회사 중 일부에서 사실일 수 있다 하더라도 대부분 회사에서 사실이 아닌 생각들이다. 물론 무임승차자가 있는 회사도 있겠지만,

회사의 모든 직원은 저마다 업무적으로든 관리적으로든 존재 가치가 있다. 게다가 '회사의 모든 업무는 내가 다 해.'라는 생각은 과도한 책임 의식을 심화시켜 더더욱 충분한 휴식을 취할 수 없도록 만들거나 왜곡된 사실인 이유가 되어 회사생활에 대한 불만족도를 높일 뿐이다.

다음은 사람으로 인한 스트레스다. 필자가 회사생활을 했을 때도 그랬고 주변 사람들의 말을 들어봐도 업무로 인한 스트레스보다 사람으로 인한 스트레스가 더 고통스럽다. 문제는 회사가 혼자 있는 곳이 아니라 여러 사람이 모여있는 또 하나의 사회이다 보니 다른 직원들과 최소한의 대인관계는 피할 수 없다는 것이다. 회사 내 대인관계 문제에 대처하기 위해 어떤 사람은 '회사용 나'라는 새로운 인격을 만들어낸다. 즉, 회사에서는 '진정한 나'가 아니라 회사 사람들이 좋아할 성격을 갖춘 인격으로 지내는 것이다. 이러한 사람 덕분에 회사 분위기는 평온해지겠지만, 정작 본인은 실제

인격과 새로운 인격 간에 괴리가 크다면 심한 스트레스를 받는다. 이와 달리 또 어떤 사람은 '나는 프로야. 일만 잘하면 됐지.'라고 생각하며 자신의 업무에만 신경 쓰고 회사 사람들과 일절 교류하지 않는다. '회사는 회사일 뿐.'이라는 생각이 어찌 보면 현명해 보이기도 하지만, 회사는 혼자 일하는 곳이 아니므로 협업이 필요할 때가 있을 수밖에 없다. 그리고 자기 생각처럼 일은 잘해야 하므로 업무상 실수를 하나라도 저지른다면 과도하게 자책하게 되고 동료 직원들 또한 그간의 정으로 덮고 넘어가 주지 않는다. 지금까지 회사 내 대인관계 문제에 대한 극과 극의 대처 전략들을 살펴보았다. 그런데 분명한 사실은 회사 내 대인관계와 사적인 관계는 다르다는 것이다. 회사에서라고 진정한 나를 잃으며 지낼 필요 없다. 그렇다고 자진해서 소위 '아싸(아웃사이더)'가 될 필요도 없다. 그저 앞에서 살펴본 대처 전략들을 다음과 같이 융통성을 발휘하여 상황에 맞게 섞어서 활용하면 충분하다. 먼저 어디에서든 마찬가지로 회사에서도 모든 사람이 나를 좋아할 수는 없다고 생각하자. 즉, 회사에서도 아무 이유 없이(그 사람의 무의식적 작용 때문일 수 있겠지만) 나를 좋아하지 않는 사람은 있기 마련이다. '공은 공이고 사는 사'라고 하듯이 굳이 회사의 모든 사람과 잘 지낼 필요는 없다. 업무상 맞닥뜨릴 수밖에 없는 사람이라면 '저 사람은 저러려니' 하고 그 사람의 사적인 부분은 별개로 협업하는 데 필요한 부분만 교류하면 충분하다. 업무적으로 교류가 꼭 필요한데도 최소한의 교류조차 불가능한 사람이라면 지난번에 이야기했던 것처럼 상대방에 대한 비난은 접어두고 상대방에게 느낀 나의 감정과 업무적으로만이라도 적당히 잘 지내고 싶다는 바람을 표현해보자. 한편 내가 근속연수가 짧다면 나에게 스트레스를 유발하는 사람은 주로 상사일 것이다. 상사 앞에만 서면 긴장하거나 아무 이유 없이 상사에게 반항심이 든다면 내가 의식하지 못하는 투사(개인이 자신의 감정 등을 무의식적으로 다른 사람에게 씌우는 방어기제) 문제일 수 있다. 과거에 나에게 중요했던 사람(주로 부모 등 주 양육자)에 대한 무의식을 탐색해보고 상사는 그때 그 사람이 아니라고 자기암시 하도록 하자. 특히 상사의 부적절한 발언이나 부당한 업무 지시에 정당한 대응조차 하지 못한다면 과거에 권위적이던 주변 사람과의 관계가 어떠했는지를 탐색해볼 필요가 있다. 만약 심리적 불편감을 느끼는 것만이 아니라 실제로 상사와 관계가 불편할 때는 상사에게 티 타임을 제안하여 상사와의 관계에 대한 내 생각과 감정을 공격적이지 않은 말의 내용과 말투로 전달해보는 것이 좋다. 아무리 회사가 소위 '라인'을 잘 타야만 승진할 수 있는 곳이라고 하더라도 대인관계도 적당히 하고 직무 수행 능력도 점점 높이다 보면 다른 직원들에게 인정받을 수밖에 없다. 그리고 '내가 지금 하고 싶은 말을 하면 상사는 나를 싫어할 거야.' '상사에게 밉보이면 나는 회사에서 끝장이야.'라는 파국화를 포기하고 상사에게도 하고 싶은 말을 적당히 하고 지내야 스트레스를 덜 받는다. 다만 상사에 대한 공격이나

누가 들어도 불쾌한 내용의 말은 하고 싶더라도 하지 않는 편이 낫다.

다들 그리하고 사니까, 회사 밖은 지옥이니까 무조건 참고 버티라는 말은 직장 스트레스를 해소하는 데 전혀 도움이 되지 않는다. 유연하고 현실 적응에 도움이 되는 생각과 대처 전략을 통해 앗아가는 것이 있는 만큼 주는 것도 있는 회사를 버텨야만 하는 곳이 아니라 내가 다니기로 선택한 곳으로 바라볼 수 있기를 바란다. 다만 회사에서 겪는 스트레스로 인해 무엇보다 소중한 건강까지 잃고 있다면 세상에는 내 생각보다 다양한 직업적 대안이 있다는 사실을 잊지 않아야 한다. 물론 '회사 다니기 너무 싫으니까 그냥 때려치울래.'라는 생각 대신 '나는 더 나은 회사로 이직하거나 다른 직업을 선택할 수 있어. 그렇지만 경제적 현실 때문에라도 아무 대책 없이 회사를 그만두기보다는 우선 이직이나 진로 변경을 위한 준비를 해놔야지.'라는 현생을 고려한 생각이 꼭 필요하다.

3장

그럼에도 나의 마음은 나의 것이다

• • •

MBTI교 신자들

"INFJ인 사람을 만나고 싶어요." "ESTJ면 저랑 잘 안 맞으시겠네요." 요즈음 일상에서 네 글자의 알파벳을 흔하게 접한다. 바로 SNS에서 특히 수많은 신자들을 거느리고 있는 MBTI(마이어스-브릭스 유형 지표) 성격 유형이다. MBTI 성격 유형 검사는 인간의 다양한 성격 특성을 열여섯 가지 유형으로 잘 분류해 주기는 하지만, 임상 현장에서 진단용으로는 쓰이지 않는다. 그럼에도 불구하고 많은 사람들이 MBTI 성격 유형으로 자신과 타인의 성격을 함부로 진단診斷한다. 몇몇 사람들의 표현처럼 MBTI가 마치 '제2의 혈액형 성격설'

처럼 유행하고 있다. 물론 혈액형 성격설은 과학적인 근거가 전혀 없는 유사 과학에 불과하고 MBTI는 3대 정신분석학자(지그문트 프로이트, 칼 융, 알프레드 아들러) 중 한 명인 칼 융Carl G. Jung의 심리학적 유형론을 이론적 근거로 한다. 그렇다고 하더라도 필자는 심리학 및 상담심리학 전공자로서 MBTI 성격 유형이 곧 자신과 타인의 성격이라고 믿는 사람들이 이해가 가지 않는다. MBTI 성격 유형 검사뿐만 아니라 모든 성격 유형 검사에는 한계가 있을 수밖에 없다. 인간의 성격은 아직도 그 전부가 밝혀지지 않은 다양한 요인으로 구성되는 만큼 이를 완벽하게 유형화하는 것은 현실적으로 불가능하기 때문이다. 집단들 사이에서보다 한 집단 내에 더 많은 다양성이 존재할 수 있다는 사실은 성격 유형에도 적용된다. 즉, INFJ 유형인 사람들과 ESTP 유형인 사람들을 비교했을 때보다 INFJ 유형인 사람들끼리 비교했을 때 더 많은 성격 차이가 있을 수 있다. 사실 사람들이 자신의 MBTI 성격 유형에 해당하는 해석이 자신의 성격을 100% 정확하게 설명한다고 받아들이는 이유는 바넘 효과 때문이다. 바넘 효과는 보편적으로 적용되는 성격에 대한 설명이 자신의 성격을 정확하게 설명한다고 착각하는 현상을 의미하며 사람들이 주변에서 흔하게 접할 수 있는 유사 심리 테스트나 타로점의 해석을 잘 믿는 것이 대표적인 예다.

그리고 MBTI 성격 유형이 E(외향)-I(내향), S(감각)-N(직관), T(사고)-F(감정), J(판단)-P(인식) 등 네 가지의 양자택일적 기준으로 분류된다고 해서 많은 사람들이 '나는 E 유형이니까 내향적인 면은 하나도 없나 봐.'라고 이분법적으로 받아들이는데 인간의 성격은 차원적으로 분류해야 하는 것이다. 즉, MBTI 성격 유형이 E에 해당하는 사람이라고 자신에게 에너지를 몰두할 때(I 유형의 성향)가 전혀 없거나 T에 해당하는 사람이라고 감정적 기능을 활용할 때(F 유형의 성향)가 아예 없는 것이 아니다. 특히 융은 심리학적 유형론에서 인간이 심리 유형의 어떤 두 가지 기능 중 한 가지만 가지는 것이 아니라 특정 상황에서 한 기능이 활성화될 때 반대쪽 기능은 정지되는 것이라고 주장하였다.

지금까지 'MBTI는 완전 사기다!'라고 비난하려는 의도는 아니었다. 다만 명백한 한계가 존재하는 MBTI를 맹신하는 'MBTI교 신자들'이 주변에서 흔히 보이는 현상이 당황스러울 뿐이다. 그렇다면 대체 왜 이렇게 많은 MBTI교 신자들이 있는 걸까? 인간은 자신이 통제할 수 없는 불확실성이 존재하면 불안해지기 때문에 불확실성을 해소하고 싶어 한다. 예를 들어, 미래에 대한 불확실성을 해소하려고 점을 보고 낯선 사람에 대한 불확실성을 해소하려고 특정한 선입견을 가진다. 어쩌면 MBTI에 그토록 매달리는 이유 또한 나와 다른 사람에 대한 불확실성을 해소하려는 욕구 때문은 아닐까? 나와 다른 사람의 성격을 아는 것이 나와 다른 사람을 아는 것의 시작일 테니까. 문제는 인간의 욕구 때문이라고 MBTI교 신자들을 이해하려고 해도 도가 지나친 사람들이 있다는 것이다. 사실 MBTI 성격 유형 검사는 다른 성격 유형에 비해 더 좋거나 더 나쁜 성격 유형은 없다고 보고 모든 성격 유형이 가치가 있으므로 사람들이 서로 다른 성격 유형별 차이점을 이해하도록 도우려는 목적에서 개발되었다고 한다. 더군다나 SNS에서 MBTI 성격 유형 검사라고 돌아다니는 검사 중 대다수는 ㈜어세스타(구 한국심리검사연구소)에서 제공하는 정식 한국어판 검사가 아니라 유사 심리 테스트와 비슷한 검사들이다. 따라서 MBTI 성격 유형을 일상에서 단순히 참고나 흥미 목적으로 활용해야지 'I 유형은 이기적이야.'와 같이 타인을 비난하듯이 규정짓는 데 사용해서는 안 된다. 특히 '나는 INFJ 유형이니까 이러해야만 해.' 'ENFP 유형은 이러하다는데 너는 왜 그래?' 등과 같이 나와 다른 사람을 옭아매는 또 다른 올가미로 활용하지 않기를 바란다.

. . .

네가 뭔데 나를 판단해

필자는 심리상담 관련 글을 쓸 때 주요우울장애(우울증), 불안장애 등을 정신질환의 진단명 대신 '심리적 어려움'이라고 쓴다. 특정한 심리 상태를 정신질환의 진단명으로 칭하는 것에는 그 심리 상태를 비정상으로 보는 관점이 반영된다고 생각하기 때문이다. 그 정도가 병적으로 심각하여 '치료treatment'해야 하는 경우를 제외하고는 심리적 어려움은 '치유healing'해야 하는 것이지 질병으로 접근해야 하는 것이 아니다. 다만 방금 '치료해야 하는 경우를 제외하고는'이라고 이야기했듯이 심리적 어려움에 대해 정신과 의사가 진단을 내릴 필요가 있을 때도 있다.

심리적 어려움이 행동으로 드러나는 이상행동(이상
행동이라는 표현 또한 정상행동과 구분된다는 의미를 내포하
고 있지만, 학술 용어이므로 그대로 쓴다)을 분류하는 유형
에는 범주적 분류와 차원적 분류가 있다. 먼저 범주적
분류는 정상행동과 질적으로 구분되는 행동을 보이는
사람을 특정 정신질환에 할당하는 진단에 사용되는 분
류 유형이다. 즉, 이상행동을 정상행동과 명확히 구분
하여 정신질환의 유무로 설명한다. 다음으로 차원적 분
류는 특정 행동이 부적응 정도에 따라 차원상에 위치할
뿐 이상행동과 정상행동은 질적으로 다르지 않다고 본
다. 필자는 우울을 예로 들면, 어떤 사람이 우울증인지
아닌지로 구분하는 범주적 분류보다 지금 얼마나 우울
한지 그 정도로 나타내는 차원적 분류가 더 적절하다고
생각한다. 다만 심리적 어려움의 원인을 파악하기 위한
연구에 기초를 제공하고 그 원인에 적합한 치료법을 찾
기 위해서는 특정한 심리 상태를 범주적 분류로써 특정

정신질환으로 진단할 필요가 있다는 의견에는 동의한다. 실제로 임상 현장에서는 병적인 심리적 어려움을 진단하기 위해 범주적 분류를 적용한 DSM-5를 참고한다.

정리하면, 심리적 어려움은 치유가 아니라 정신과 의사의 치료가 필요할 정도로 심각할 때만 진단이 필요하다. 그러므로 심리적 어려움을 정신질환으로 진단하는 역할은 정신과 의사와 같은 전문가에게 맡겨야 한다. 사람들은 흔히 "나 우울증인가 봐." "너 그거 강박증 아니야?"와 같이 자신이나 타인에게 함부로 진단을 내린다. 전문가인 정신과 의사도 DSM-5에서 분류하고 있는 정신질환의 진단 기준을 충족하는 증상을 보이는 사람을 진료할 때조차 섣불리 진단을 내리지 않는다. 게다가 인간의 정신세계는 뇌신경과학 및 정신의학 분야의 엄청난 발전에도 불구하고 그 전부가 밝혀지지 않았을 정도로 복잡한데 신이 아니고서야 감히 누가 특정한 심리 상태에 대해 정상과 비정상을 절대적으로 판단할 수 있을까? 낙인효과(부정적 이미지로 낙인찍힌 사람이

의식적, 무의식적으로 점점 더 나쁜 행동을 하는 현상)를 들어봤을 것이다. 심리적 어려움을 겪고 있는 사람을 쉽게 '정신병자'로 낙인찍고 편견을 가져서는 안 된다. 특히 나 자신에게도 마찬가지이다. 가끔 그리고 잠깐 우울한 기분이 든다고 해서 쉽게 내가 우울증이라고 진단하면 나 자신을 부정적으로 인식하고 행동을 변화시킴으로써 실제로 우울증에 걸릴 수 있다. "네가 뭔데 나를 판단해."라는 말은 정신과 의사가 아닌 타인뿐만 아니라 나 자신에게도 해야 하는 말이다.

· · ·

그럼에도 나의 감정은
나의 것이니까

　　마음속에 억눌러온 감정을 표출하는 행위, 즉 감정
정화는 그 자체만으로 치유 효과가 있다. 이 이야기를
역으로 하면 '감정을 표출하지 않고 억누르기만 하면
심리적 어려움을 겪는다.'가 된다. 우리나라에서는 대
부분의 서양 국가들에서보다 유독 감정 표현에 인색하
고 다른 사람의 솔직한 감정 표현을 잘 받아들이지 않
는다. 집단주의 문화의 영향으로 개인의 자유보다 집단
의 화합을 우선시해서인지 개인이 특히 윗사람에게 자
신의 감정을 솔직하게 표현하는 행위는 긍정적으로 받
아들여지지 않는다. 물론 분노를 느낀다고 다른 사람에

게 소리를 지르거나 온갖 비속어를 쏟아붓는 행위는 어느 문화에서든지 긍정적으로 받아들여지지 않는다. 다만 어떤 감정이라도 적절한 표현은 꼭 필요하다. 프로이트 또한 "표현하지 않은 감정은 절대 죽지 않는다. 산 채로 묻혀서 나중에 더 추한 모습으로 등장한다."라고 하였다. 감정은 표현하지 않으면 저절로 사라지는 것이 아니라 무의식에 쌓이기 때문이다. 특히 무의식에 쌓이고 쌓이다가 한계를 넘은 부정적 감정은 공격성이라는 더 추한 모습으로 타인을 향해 폭발한다. 만약 공격성이 나 자신을 향하면 우울증이라는 심리적 어려움을 겪거나 심지어 자해나 자살까지 시도할 수 있다.

심리상담에서 상담자는 내담자의 문화적 배경이 내담자에게 미치는 영향을 고려한다. 하지만 많은 사람들 사이에서 여러 세대를 거쳐 전수되어온 문화라고 해서 꼭 그 문화에 속한 개인의 행복을 보장하지는 않는 것 같다. 집단의 화합을 위해 감정 표현, 특히 부정적 감정의 표현을 참거나 위장해야 하는 우리나라 문화에서는 부정적 감정을 솔직하게 표현하면 '좋은 놈, 나쁜 놈, 이상한 놈' 중 '나쁜 놈'이 된다. 반대로 부정적 감정을 솔직하게 표현하지 않고 위장하거나 억누르다가 심리적 어려움을 겪으면 '이상한 놈'으로 낙인찍힌다. 부정적 감정을 솔직하게 드러내면서도 '좋은 놈'이 되는 유일한 방법은 바로 취기를 빌리는 것이다. 술에 관대할 수밖에 없는 우리나라의 문화적 분위기를 생각해보면 알코올 관련 장애의 유병률과 취중 범죄율이 높다는 사실이 새삼 놀랍지도 않다.

다만 감정 표현을 억제할 수밖에 없는, 나아가 이로 인해 심리적 어려움을 겪게 만들 수 있다고 해서 우리나라 고유의 문화를 무조건 부정적으로 보지 않기를 바란다. 최근 개인주의 문화가 자리 잡고 있기는 하지만, 집단주의 문화인 우리나라 문화는 개인에게 소속감과 정서적 지지를 제공함으로써 좋지 않은 사건이 발생하였을 때 심리적 어려움을 겪지 않거나 치유하는 데 도움이 되는 측면도 있기 때문이다. 다만 문화적 배경을 떠나서 내가 느낀 감정을 솔직하지만 적절하게 표현해야 한다. 어떤 감정을 느낄 때 한 박자 쉬고 차분하게 그리고 상대방에게 내가 느낀 감정만 적절하게 표현한다면 부정적 감정조차 솔직하게 표현하는 일이 더 이상 다른 사람의 눈치를 봐야 하는 일이 아닐 것이다. 그럼에도 나의 감정은 나의 것이니까.

쉬어가는 위로

감정 놀이공원

나는 나만의 감정 놀이공원에서 놀게요.

기쁨의 자이로스윙에 몸이 달아오르면
슬픔의 호수에 다이빙할 거예요.
슬픔에 너무 오래 몸을 담그고 있다가
우울에 익사하지만 않으면 되니까요.

누군가 "너도 같이 느껴야지."라는 말로
억지로 태우는 기분의 롤러코스터에는
절대로 타지 않을 거예요.

건강에 좋지 않다고 하지만 분노로 만든 솜사탕을

조금씩 떼어먹으며 돌아다닐 거예요.

당신과 함께 왔지만, 당신과 나는 다른 사람이니까

어떤 감정을 탈지는 각자 하고 싶은 대로 정해요.

내 감정이 어떠하다고

당신까지 끌어들이고 싶지는 않으니까요.

나만의 감정 놀이공원에서는

누가 어떤 말을 하든, 위협적인 행동으로 강요하든

내가 원하는 감정만 타도 괜찮아요.

모두 내가 만든 거니까요.

당신도 당신만의 감정 놀이공원을 갖기를 바라요.

· · ·

우니까 사람이다

감정을 느끼는 사람이라면 누구나 슬플 때가 있다. 가끔 그리고 잠깐 슬픔을 느끼는 것은 자연스러운 현상이다. 인생을 사는 동안 유쾌한 일만 겪을 수는 없으므로 기쁨, 행복 등과 같은 긍정적 감정만 느끼면서 살 수는 없다. 사람들은 흔히 항상 즐겁고 행복해야 심리적으로 건강한 것이라고 착각한다. 하지만 슬픔, 두려움 등과 같은 부정적 감정을 포함한 모든 감정을 적절하게 느껴야 심리적으로 건강한 것이다. 즉, 좋지 않은 일을 겪었을 때 슬픔, 분노, 두려움 등과 같은 부정적 감정을 적절하게 느끼는 사람이 심리적으로 건강한 사람이다. 오죽하면 '늘 즐겁고 행복하기만 한 사람이 있다면 그 사람은 조증 환자다.'라는 우스갯소리가 있을까. 부정적 감정이라는 표현이 '부정적'이라는 단어를 포함하고 있어서 부정적인 것으로 생각되지만, 적절한 부정적 감정은 인간의 삶에 필수적이다. 따라서 당신이 가끔 그리고 잠깐 슬프다고 해서 '나 우울증 걸린 거 아니야?'라고 걱정할 필요 없다. 슬픔과 우울이 다른 감정인 것처럼 슬픔과 우울증은 다르기 때문이다. 심지어 우울과 우울증도 다르다. 물론 슬프거나 공허한 기분의 지속 또는 즐거운 기분의 상실이 2주 이상 지속되거나 죽음에 대한 반복적인 생각이 들 때는 우울증을 의심해봐야 한다.

그렇다면 슬픔과 우울의 차이는 무엇일까? 합리적 정서행동치료를 창시한 앨버트 엘리스는 슬픔은 '적절한' 부정적 감정으로 합리적인 생각의 결과이고, 우울은 '적절하지 않은' 부정적 감정으로 비합리적인 생각의 결과라고 하였다. 예를 들어, 가까운 사람이 죽었을 때 슬픈 감정을 느끼는 것은 적절하지만, 오랜 시간 동안 우울에 빠지는 것은 적절하지 않다. 즉, 어떤 사람이 가까운 사람이 살아있었을 때 더 잘 챙겨주지 못했던 자신을 나쁜 사람이라고 비난하고 심지어 죽음의 원인까지 자기 탓으로 돌려서 심각한 우울을 겪는다면 비합리적인 생각으로 적절하지 않은 부정적 감정을 만들어 낸 것이다. 그런데 엘리스의 주장처럼 우울이 부적절하고 자기 파괴적이기만 한 것은 아니다. 차라리 슬픔이 우울로 심화한 원인을 탐색하고 우울도 다른 감정들처럼 있는 그대로 받아들여서 적절하게 느끼는 것이 심리적 건강에 좋다. 슬픔이 우울로 심화하는 데는 다양한 원인이 있겠지만, 상담 이론에서 제시하는 심리적 원인 두 가지를 소개한다.

먼저 당신은 떠올리고 싶지 않은데 자꾸 떠올라서 지속적으로 슬픔을 유발하는 충격적 사건의 경험 때문일 수 있다. 필자는 소주를 극도로 싫어한다. 따라서 술자리마다 소주를 마시지 않기 위해 "제가 소주에 트라우마가 있어서요."라고 둘러댄다. 갑자기 술에 대한 개인적인 취향을 이야기하나 싶겠지만, 트라우마를 사소하게 여겨서는 안 된다고 하기 위해 꺼낸 이야기다. 필자를 포함한 많은 사람들이 하기 싫은 일을 회피하기 위해 트라우마 핑계를 대는 것 같다. 하지만 트라우마는 큰 상처를 뜻하고 마음의 큰 상처는 심리적 어려움이 되기 때문에 가볍게 이야기할 거리가 아니다. 트라우마를 남긴 충격적인 사건을 외상성 사건이라고 한다. 그런데 학교폭력, 성폭력, 학대 등과 같은 심각한 사건만이 외상성 사건이 될 수 있는 것은 아니다. 남들에게는 사소해 보이는 사건도 당사자의 자아존중감을 심각하게 손상한다면 외상성 사건이 될 수 있다. 외상성 사건은 아무리 오래전에 발생했더라도 사건 당시의 충격적인 기억을 자꾸 떠올리게 하고 그 사건이 다시 발생한 것처럼 극심한 심리적 반응을 일으킨다. 따라서 인간은 심리적 생존을 위해 충격적인 사건이 실제로 발생하지 않았다고 부정하거나 견딜 수 없는 기억을 지우기까지 한다. 하지만 당장 견딜 수 없어서 충격적인 사건의 발생 자체를 부정하며 슬픔을 적절히 느끼지 않고 회피한다면 나중에는 더 견디기 힘들고 지속해서 겪는 우울로 심화할 수 있다(다만 모든 외상성 사건을 일부러 되새길 필요는 없다는 연구 결과도 있다).

다음으로 실존주의 심리치료의 관점을 소개한다. 어빈 얄롬이 제시한 죽음, 자유, 소외, 무의미 등 네 가지의 실존적 관심사는 지난번에 이야기했듯이 인간에게 실존적 불안을 유발한다. 각각의 실존적 관심사가 어떻게 인간에게 실존적 불안을 유발하는지 지금부터 알아보자. 첫 번째로 죽음은 삶의 유한성이다. 부자든 가난한 사람이든, 유명인이든 일반인이든 모든 사람의 유일한 공통점은 언젠가는 삶이 끝난다는 것이다. 따라서 죽음은 실존적 불안의 핵심 요인이다. 인간이 아무리 자신이 언젠가는 죽는다는 사실을 부정하더라도 막연한 불안이 마음속에 남는다. 두 번째로 자유는 선택과 책임이다. 사람들은 보통 자유를 긍정적인 개념으로 생각하지만, 사실 선택의 자유가 있으면 당연히 선택에 따르는 책임이 있고 그 책임을 전적으로 자신이 져야 한다는 사실을 인식하면 인간은 불안을 느낀다. 세 번째로 소외는 인간이 근원적 고통의 시작인 태어남과 생애 가장 고통스러운 경험인 죽음을 겪을 때 철저히 혼자인 존재라는 사실을 의미한다. '어차피 인생은 혼자야.'라는 사실은 인간이 불안과 외로움을 느끼게 만든다. 신, 타인, 반려동물, 물질(술, 담배, 약물 등) 등 다른 대상에게 과도하게 의존해봐도, 타인의 관심을 끌기 위해 노력해봐도 모든 사람은 실존적으로 혼자다. 마지막으로 무의미는 삶의 의미와 관련 있다. 인간은 삶의 의미나 목적을 찾지 못하면 허무감과 공허감을 느낄 수 있다. 실존주의 심리치료에서는 지금의 우울을 실존적 관심사의 인식에 대한 정서적 반응으로 본다. 특히 병적 우울인 우울증은 개인이 무의미라는 실존적 관심사에 직면하지 않고 회피만 하는 자신에게 삶의 의미를 찾으라고 보내는 경고라고도 볼 수 있다. 지금까지 살펴본 것처럼 인간의 삶은 본질적으로 고통이다. 특히 어빈 얄롬은 실존적 관심사를 가혹한 현실이라고 표현했으며, 모든 사람이 고통을 경험할 수밖에 없다고 하였다. 그런데도 삶에 대해 '나는 행복해야만 해.'라는 당위적인 생각을 가진다면 실존적 우울증과는 또 다른 우울증을 만들어낼 수 있다. 즉, 개인이 행복해야만 한다는 당위적인 생각을 가진다면 살면서 당연히 겪을 수밖에 없는 고통을 과잉일반화하여 자신이 항상 고통스럽다고 믿게 되므로 우울증을 겪을 수 있다. 행복하려면 오히려 삶이 고통이라는 사실을 받아들이고 삶 속에서 작은 행복이라도 발견해나가야 한다.

　부정적 감정은 인간이 원시시대부터 오랜 시간 약육강식의 자연에서 살아남기 위해 선택한 생존전략 중 하나이다. 자연에서만 살지 않는 현대까지도 부정적 감정을 포함한 모든 감정은 필요를 위해 존재하는 것이다. 부정적 감정을 절대 느끼지 않으려고 애쓰기보다는 당신이 부정적 감정을 느끼는 원인을 탐색하고 적절하게 다룸으로써 당신의 심리적 생존을 지켜야 하겠다.

쉬어가는 위로

나를 울게 하소서

내 마음대로 되는 것이 없는 세상인데

내 감정조차 내 마음대로 하지 못해야 할까요?

눈물이라도 내 마음대로 흘리게 하소서.

마음껏 울게 하소서.

· · ·

착한 사람은 없다

당신은 어떠한 사람이 착한 사람이라고 생각하는
가? 어쩌면 당신 앞에서 화를 잘 내지 않는 사람을 착
한 사람이라고 생각하지 않는가? 부정적 감정을 포함
한 모든 감정을 적절하게 표현하는 것이 심리적 건강에
좋다고 했지만, 필자와 주변 사람들을 봐도 분노는 다
른 감정들보다 더 그리하기 쉽지 않은 것 같다. 많은 사
람들이 분노를 표현하지 않고 마음속에 쌓아두다가 폭
발적으로 쏟아내는 바람에 나쁜 사람이라고 손가락질
당한다. 필자는 이러한 사실 때문에 '착한 사람'인 사람
은 없다고 생각한다. 당신이 착한 사람 프레임에 갇히

기보다는 차라리 분노 또한 적절하게 표현할 수 있는 심리적으로 건강한 사람이기를 바란다.

많은 사람들이 분노를 적절하게 표현하는 대신 억누르는 심리적 원인은 대표적으로 인간중심치료에서 잘 설명하고 있다. 인간중심치료에 따르면, 인간은 자아에 대한 의식이 생기면서부터 타인에게 긍정적인 존중을 받으려고 하는 욕구를 가진다. 문제는 아무도 타인의 모든 측면을 긍정적으로 존중해줄 수는 없다는 것이다. 따라서 인간은 긍정적인 존중에 대한 욕구를 충족시키기 위해 있는 그대로의 자신보다는 타인의 기준에 맞추며 산다. 이는 감정 표현에서도 마찬가지이다. 인간은 감정을 유발하는 자극이 있을 때 어떤 감정을 느끼며 자신이 느낀 감정을 표현하려고 한다. 하지만 우리나라의 문화적 분위기상 개인이 분노를 표현하면 주변에 있는 사람들이 위로해주거나 분노를 유발한 사람이 사과하기는커녕 "미쳤어? 왜 그래?"라는 말을 하지 않으면 다행이다. 결국 개인은 이러한 경험을 몇 번 겪고 나면 타인에게 긍정적인 존중을 받을 수 없는 분노를 표현하지 않고 억누르게 된다.

그렇다면 당신은 타인에게 긍정적인 존중을 받을 수 없는 분노를 표현하지 않고 마음속에 쌓아두기만 하다가 심리적 어려움을 겪어야 하는 걸까? 그렇지 않다. 다만 우리나라의 문화적 분위기뿐만 아니라 타인에게 분노를 표현하는 방식 또한 상대방에게 분노의 표현이 받아들여지지 않는 이유가 될 수 있다. 사람들은 흔히 분노를 느끼면 그 즉시 버럭 화를 낸다. 이에 대해 정신분석치료에서는 마음속에 억눌러온 감정이 부패하여 공격성으로 폭발하기 때문이라고 하겠지만, 인간이 본능적으로 선택한 생존전략 때문이라고도 할 수 있다. 신체 능력이 다른 동물들에 비해 월등하지 못한 인간은 약육강식의 자연에서 살아남기 위해 다음과 같은 생존전략을 가지도록 진화했다. 바로 생존에 위협을 받는 상황에서 인간의 뇌 영역 중 사고와 판단 등과 같은 정신 작용을 담당하는 전두엽보다는 감정과 본능적인 행동을 담당하는 변연계가 활성화되는 것이다. 따라서 생존에 위협으로 느껴지는 스트레스 상황에서도 마찬가지로 분노를 느끼고 동물적인 행동을 하게 하는 변연계가 활성화되므로 인간은 자신의 의지와는 상관없이 갑작스럽게 격렬한 분노를 느끼고 이를 밖으로 쏟아내고 싶은 강한 충동이 든다.

감정은 단어 그대로 감정적이다. 하지만 감정을 느끼는 인간은 감정적이면서도 이성적인 존재이므로 꾸준히 노력한다면 분노를 적절하게 표현할 수 있다. 분노의 적절한 표현을 위한 노력에는 마치 당신 자신을 위에서 바라보는 것과 같은 초인지metacognition가 도움이 된다. 특히 초인지를 통해 당신의 분노를 자각하고 당신이 분노를 느낀 이유를 객관적으로 분석함으로써 분노를 느낀 즉시 폭발적으로 쏟아내지 않고 적절하게 다룰 수 있다. "이 또한 지나가리라."라는 유명한 말이 있다. 매서운 파도가 몰아치는 바다가 언제 그랬냐는 듯이 잠잠해지는 것처럼 격렬한 분노는 시간이 지남에

따라 사그라든다. 적절하게 표현된다면 당신이 옳듯이
당신의 분노 또한 옳다.

· · ·

미안해
사실은 널 미워해

　'미운 자식 떡 하나 더 준다.'라는 속담이 있다. 미움이라는 부정적 감정을 유발한 자식에게 오히려 떡 한 개를 더 주는 부모는 어떤 마음일까? 사실 이 속담은 반동형성의 예로 흔히들 드는 것이다. 반동형성은 방어기제 중 하나로 개인이 자신이 받아들일 수 없는 감정이나 욕구 등과 반대되는 행동을 함으로써 불안에서 벗어나는 것이다. 방금 언급한 속담으로 다시 이야기하면, 부모가 자식에게 미움의 감정을 느낄 때 부모로서 자식을 미워한다는 사실을 받아들일 수 없어서 미움의 감정을 무의식에 묻어두고 도리어 떡 한 개를 더 줌으로써 죄책감으로 인한 불안을 더는 것이다. 하지만 부모도 사람이다. 즉, 부모가 자식에게 미워하는 감정이 들 때도 있는 법이다.

반동형성의 또 다른 예로 스톡홀름 증후군을 들 수 있다. 스톡홀름 증후군은 범죄 피해자가 자신에게 피해를 준 범죄 가해자를 오히려 변호하거나 심지어 범죄 가해자에게 호감을 느끼기까지 하는 심리 현상이다. 이경우는 범죄 피해자가 범죄 가해자에 대한 증오와 증오에 따른 공격성을 감당할 수 없어서 불안을 겪자 무의식적으로 증오의 반대 감정인 동질감이나 애정을 느낌으로써 불안을 해소하려는 것이라고 할 수 있다. 이처럼 마음의 생존전략이라고 불리는 방어기제는 완벽하지 않다. 프로이트가 최초로 제시한 방어기제는 자아가 과도한 불안을 겪는 상황에서 자신의 불안을 감소시키기 위해 인간이 무의식적으로 사용하는 심리적 기제다. 프로이트는 방어기제가 실패하면 신경증이나 정신증이 발생한다고 보았다. 그런데 오히려 방어기제가 심리적 어려움을 유발하거나 그 자체로 심리적 어려움일 수 있다. 성숙하지 않은 방어기제는 현실 적응을 가로막는 부정적인 역할을 하기 때문이다. 예를 들어, 개인이 불안을 유발한 사건을 해결하는 대신 합리화와 같은 성숙하지 않은 방어기제를 사용하여 자신을 속임으로써 불안을 감추는 것을 불안에 대한 주된 대처 전략으로 삼는다면 현실 적응에 어려움을 겪을 수 있다. 프로이트의 딸이자 아버지와 마찬가지로 정신분석학자인 안나 프로이트Anna Freud 또한 자아가 얼마나 성숙한지에 따라 주로 사용하는 방어기제가 달라진다고 하였다. 특히 하버드대학교 의과대학 교수이자 정신과 의사인 조지 베일런트George E. Vaillant는 방어기제를 성숙한mature, 신경증적인neurotic, 미성숙한immature, 병적인pathological 이렇게 네 가지의 유형으로 분류하였다. 앞에서 이야기한 반동형성은 신경증적인 방어기제에 해당한다. 즉, 반동형성을 주된 방어기제로 사용하면 신경증을 겪을 수 있다. 지금부터 각 유형에 해당하는 대표적인 방어기제를 한 가지씩만 알아보자.

첫 번째로 성숙한 방어기제에 해당하는 승화다. 승화는 사회적으로 허용되지 않는 욕구, 소망 등을 사회적으로 허용되는 행동으로 전환하는 것이다. 예를 들어, 죽음의 본능(파괴의 본능이라고도 한다)으로 타인의 신체를 훼손하고 싶은 공격적인 욕구를 가진 K씨가 있다고 하자. 만약 K씨가 자신의 욕구대로 타인의 신체를 훼손한다면 형법에 규정되어 있는 상해죄로 형사 처벌을 받을 수 있다. 따라서 K씨는 공격적인 욕구의 승화를 통해 합법적으로 타인의 신체를 훼손(절개, 절제 등)할 수 있는 외과 의사가 되었다. 승화의 또 다른 예로 성적인 욕구를 아름다운 예술작품으로 승화한 누드화를 들 수 있다. 다만 모든 외과 의사나 예술가가 사회적으로 허용되지 않는 공격적인 욕구나 성적인 욕구를 사회적으로 허용되는 방법을 통해 충족시키기 위해 해당 직업을 선택한 것으로 생각하지 않기를 바란다.

두 번째로 신경증적인 방어기제에 해당하는 전치

displacement다. 전치는 개인이 부정적 감정 등을 이를 유발한 사람이 아니라 자신에게 덜 위협적인 사람에게 표출하는 것이다. 쉽게 이야기하면 '종로에서 뺨 맞고 한강에 가서 눈 흘긴다.'라는 속담처럼 애먼 사람에게 화풀이하는 것이다. 어렸을 때 부모님에게 혼나고 나서 만만한 동생에게 괜히 화풀이했던 적을 떠올려보면 이해하기 쉬울 것이다. 착한 사람 콤플렉스에 빠진 사람들 또한 흔히 남들에게 분노를 느끼면 이를 참았다가 집에 온 뒤 가만히 있던 어머니나 배우자에게 괜한 꼬투리를 잡아서 화풀이한다. 심지어 집에서는 별것도 아닌 일로 분노를 표출한다. 가족이 남들보다 편하다는 이유로 그리하는 것이다. 이 또한 전치의 예라고 할 수 있다.

세 번째로 미성숙한 방어기제에 해당하는 퇴행이다. 퇴행은 만족감 및 안정감을 느꼈던 이전의 발달단계로 되돌아감으로써 현재의 불안을 감소시키거나 책임을 회피하려는 것이다. 아동이 배설장애를 겪는 원인이 바로 이 퇴행 때문일 수 있다. 원래 대소변을 잘 가리던 아동이 동생이 태어난 뒤에 부모의 관심을 동생에게 빼앗길까 봐 불안하여 대소변을 제대로 가리지 못했던 유아기로 퇴행하는 것이다. 연인(또는 배우자)과 싸울 때마다 어린아이들이나 할 법한 행동, 즉 혀 짧은 소리를 내거나 부모에게 쪼르르 달려가 연인(또는 배우자)을 흉보는 경우를 퇴행의 또 다른 예로 볼 수 있다.

마지막으로 병적인 방어기제에 해당하는 투사다. 투사는 개인이 자신이 용납할 수 없는 감정 등을 다른 사람에게 귀속시키는 것이다. "나한테 투사하지 마."라고 흔히 말하는 것처럼 투사는 많이들 알고 있을 것이다. 투사의 예로 사실은 자신이 연인에게 화가 난 사람이 회사 업무로 너무 피곤한 나머지 말수가 줄어든 연인에게 자신의 화를 귀속시켜서 연인이 자신에게 화가 나서 말이 없는 것이라고 불안해하는 경우를 들 수 있다. 그리고 회사에서 아무런 이유도 없이 나를 미워한다는 생각이 드는 동료 직원이 있다면 내가 내 미움의 감정을 무의식적으로 동료 직원에게 투사하여 나를 미워한다고 생각하는 것일 수 있다. 감정뿐만 아니라 욕구도 다른 사람에게 투사할 수 있다. 식탐을 부리는 사람만 보면 화가 치밀어 오르는 사람은 사실 자신이 억누르고 있는 음식에 대한 지나친 욕구를 다른 사람에게 투사하여 자신이 참아온 음식에 대한 욕심을 행동으로 드러낸 사람을 가만히 두고 보기 힘든 것이다.

생존전략은 마음에도 꼭 필요하다. 즉, 심리적 생존을 위해 방어기제가 꼭 필요하다. 다만 일상에서 겪는 다양한 어려움을 성숙하지 않은 방어기제를 통해 덮으려고 하는 대신 용기를 내어 직면하고 적절하게 해결해야 한다. 미워하는 사람에게 잘해주고자 애써 노력하기보다는 마음껏 미워해도 괜찮다. 그리고 성욕은 우리나라의 문화적 분위기상 부정적으로 보지만, 인간을 포함한 모든 동물의 필수적인 욕구 중 하나이다. 이러한 성욕을 꾹꾹 참기만 하다가는 나중에 사회적으로 더 허용되지 않는 모습으로 드러날 수 있다. 성욕을 무조건 감추고 참는 대신 사랑하는 사람과 적절한 방식으로 충족시키거나 예술 활동으로 승화할 필요가 있다. 결론적으로 일상에서의 어려움을 심리적 어려움으로 만들지 않거나 심리적 어려움을 치유하기 위해서는 '그럼에도 나의 마음은 나의 것이다.'라는 사실을 잊지 않아야 한다.

왜 우리의 절반은
우울한가?

아무리 강조해도 지나치지 않다. 우울의 원인이 절대 의지박약은 아니다. 그리고 의지만으로는 괜찮아지기 어렵다. 그렇다면 대체 왜 우리의 절반은 우울로 인해 고통받을까? 생화학적 요인, 유전적 요인, 환경적 요인 등 다양한 가설이 있지만, 상담 이론에서 제시한 가설 두 가지를 알아보자. 먼저 생애 초기 부모 등 주 양육자와의 좋지 않은 경험 등과 같이 과거에서 우울의 원인을 찾는 상담 이론들(대표적으로 정신분석 치료)이 있다. 이와 달리 인지치료는 개인이 사건 자체보다는 사건에 대한 부정적인 생각, 특히 인지삼제라고 불리는 자신과 상황(또는 세상) 그리고 미래에 대한 부정적인 생각의 악순환으로 인해 우울증을 겪는다고 본다. 필자는 인지치료에 가까운 통합적 입장을 지지한다. 즉, 개인이 타고난 심리적 취약성과 더불어 충분할 만큼 좋지 않은 성장환경이나 주 양육자의 적절하지 않은 반응 양식의 영향으로 생애 초기 부정적인 믿음을 형성한다. 그리고 살면서 필연적으로 겪을 수밖에 없는 불행한 사건에만 초점을 맞추어 부정적인 믿음을 강화한 다음 모든 사건을 자신과 연관 지어 왜곡하여 인식하기 때문에 적절하지 않은 우울을 느낀다고 믿는다.

"감기의 원인을 아는 것보다 감기를 치료하는 것이 더 중요하다."라는 모 교수님의 말씀을 다시 한번 언급하고 싶다. 즉, 어떤 사람이 우울증을 겪는 근본적인 원인을 밝혀내는 것도 원인에 따라 치료적 접근법이 달라지므로 중요하지만, 우울증을 겪는 원인은 사람마다 다르므로 우선 우울증에 대한 치료적 접근법에 대해 살펴보자는 이야기다. 우울증에 대한 치료적 접근법에는 심리상담 등과 같은 심리치료와 선택적 세로토닌 재흡수 억제제 등을 사용하는 약물치료가 있다. 필자는 두 가지 치료적 접근법 중 어느 한 가지만 활용하기보다는 두 가지 다 병행하는 것이 최선이라고 생각한다. 정신과 의사들이 주로 활용하는 약물치료는 생의학적 모델에 기반을 두고 있다. 생의학적 모델은 우울증과 신경전달물질 간 상관관계에 초점을 맞춰 우울증을 뇌라는 신체 장기의 질병으로 본다. 그런데 생의학적 모델이 두 대상 간의 인과관계가 아니라 상관관계에 초점을 맞추듯이 신경전달물질의 불균형으로 인해 우울증을 겪는 것인지 아니면 우울증이 신경전달물질의 불균형을 유발하는 것인지 아직 명확하게 밝혀지지 않았다. 더군다나 신경전달물질의 불균형이 있는 사람이라고 해서 모두가 우울증을 겪는 것은 아니다. 특히 여러 연구에서 항우울제만을 사용한 치료는 복용을 중단하면 우울증이 재발할 수 있다는 결과가 나타났다. 이와 같은 사실들을 근거로 들어 약물치료가 우울증에 대한 근본적인 치료적 접근법은 될 수 없다는 주장은 둘째치고, 두 가지 치료적 접근법 모두 각각의 유용성이 있으므로 우울증 초기부터 병행하는 것이 효과적이다. 모든 약물이 그러한 것처럼 항우울제 또한 일부 사람들에게는 부작용을 일으키거나 효과가 없다. 하지만 비단 자살하고 싶다는 생각 및 자살 시도가 계속되는 위급한 상황뿐만 아니라 당장 일상생활을 영위하는 데 지장이 있을 정도로 우울증의 증상이 심각할 때는 우선 약물치료를 통해 이를 완화해줄 필요가 있다. 그리하고 나서 약물치료와 심리치료를 병행한다면 우울증의 근본적인 치유에 큰 도움이 될 것이다. 약물치료로 증상이 호전되더라도 부정적이고 비관적인 사고방식 등과 같은 심리적 특성을 변화시키지 않으면 우울증이 재발할 수 있기 때문이다.

우울증이 가장 끔찍한 심리적 어려움 중 하나라고 할 수 있는 이유는 의욕 저하 증상이 괜찮아지기 위한 행동의 실천을 더 어렵게 만들기 때문이다. 잔인하게 들리겠지만, 우울이라는 수렁에 빠져 있기만 해서는 절대 우울증에서 벗어날 수 없다. 우선 내가 지금 우울하다는 사실을 인정하고 받아들여야 한다. 그리고 어떤 원인이 슬픔을 우울로 심화시켰는지를 돌아볼 필요가 있다. 이러한 노력을 스스로 하기 어렵다면 언제든지 정신과 의사, 임상심리사, 심리상담사 등과 같은 전문가에게 손을 내밀기를 바란다.

. . .

상처받고 싶지 않은
당신에게

  "헐 나 상처받았어." 사람들이 심리적 공격(인격 모독 등)을 당했을 때 흔히 하는 반응이다. 물리적 공격이 신체에 상처를 입히는 것처럼 심리적 공격은 마음에 상처를 입힌다. 게다가 마음에 입은 상처는 적절하게 치유되지 않으면 심리적 어려움이 된다. 그런데 같은 말과 행동이라도 이에 상처받는지 받지 않는지는 사람마다 다르다. 그렇다면 "별것도 아닌데 왜 그러냐?"라는 주변 사람들의 반응처럼 다른 사람의 사소한 말과 행동에도 상처받는 당신이 예민한 걸까? 아니다. 심리적 어려움의 모든 원인을 다 당신의 성격 탓으로 돌려서는 안 된다. 당신이 예민하기 때문이 아니라 다른 사람의 말과 행동에 쉽게 상처받는 원인이 과거에 있거나 다른 사람의 말과 행동에 대한 당신의 주관적인 해석이 상처를 만들어 낼 수 있다.

먼저 정신분석 치료에서는 유아기에 형성된 불안을 개인이 다른 사람의 말과 행동에 쉽게 상처받는 원인으로 본다. 프로이트에 따르면, 인간은 삶의 본능인 에로스와 죽음의 본능이자 파괴의 본능인 타나토스를 타고나는데, 타나토스는 공격성을 포함한다. 아기는 타고난 공격성을 잘 처리하지 못하고 다른 사람에게 투사하여 작은 일에도 자신을 공격한다고 느끼거나 자신의 공격성에 대해 보복당할까 봐 불안해한다. 유아기의 이러한 불안이 적절하게 해소되지 않는다면 성인이 된 뒤에도 아기의 관점으로 현실을 인식한다. 즉, 당신이 '불안해하는 아기인 나'를 마음속에 품고 있다면 다른 사람이 당신에게 조금만 친절하지 않아도 당신을 싫어한다고 생각하거나 다른 사람의 사소한 말과 행동도 당신에 대한 공격으로 받아들여서 쉽게 상처받는다.

다음으로 인지행동치료에서는 다른 사람의 말과 행동 자체보다는 다른 사람의 말과 행동에 대한 주관적인 해석이 개인에게 상처를 만들어낸다고 본다. 예를 들어, 당신이 출근하다가 회사 근처에서 동료 직원들이 삼삼오오로 모여서 이야기를 나누고 있는 모습을 보았다고 하자. 동료 직원들은 지나가던 당신을 보더니 이야기를 멈추었다가 당신에게 인사하고 나서 다시 속닥거리면서 웃기 시작했다. 이러한 상황에서 당신은 동료 직원들이 무슨 이야기를 나눴는지 그리고 왜 웃던 것인지 전혀 알 수 없다. 그런데 당신이 전혀 그럴만한 근거가 없는데도 당신과 연관시키는 개인화를 한다면 동료 직원들이 당신 흉을 보던 중에 당신을 봐서 잠깐 멈췄던 것이고 당신이 지나간 뒤에 다시 당신 욕을 하면서 비웃은 것이라고 동료 직원들의 행동을 부정적으로 해석한다. 심지어 '회사 동료라면 언제나 나에게 호의적이어야 하는데 내가 없는 곳에서 나를 욕하다니. 절대 일어나서는 안 될 일이 일어났어.'라며 강한 분노와 좌절감을 느끼거나 '내가 업무도 잘 못 하고 어리바리하니까 나를 따돌리는 게 당연하지.'라고 당신 자신을 비하하기까지 할 수 있다. 사실은 동료 직원 중 한 명이 지난밤 퇴근하고 나서 재밌게 봤던 코미디 프로그램에 관해 동료 직원들끼리 이야기를 나눴던 사건이 당신의 주관적인 해석으로 인해 당신에게 큰 상처가 되고 만 것이다.

다른 사람의 명백히 호의적이지 않은 말과 행동에 대해 갖는 심각성은 사람마다 다르다. 따라서 다른 사람이 당신에게 "별 의미 없이 한 건데 왜 상처받아?"라고 하는 말은 바람직하지 않은 것이다. 그리고 '내가 사소한 말과 행동에 너무 예민하게 구는 건가?'라고 자책할 필요 없다. 그 대신에 다른 사람의 말과 행동이 당신을 공격하려는 의도가 명확할 때는 단호하지만 적절하게 대응하고 당신을 공격하려는 의도가 아닐 때는 그냥 흘려들으면 그만이다. 완전히 객관적일 수는 없겠지만,

다른 사람이 당신에게 하는 말과 행동을 있는 그대로
받아들인다면 쉽게 상처받지 않을 수 있다.

피는 물보다 진할까?

　피는 물보다 진하다고들 한다. 정말 그럴까? 부모님은 주변 사람들, 심지어 친구와 연인(또는 배우자)마저 나에게 등을 돌리더라도 마지막까지 내 편이 되어줄 존재다. 하지만 슬프게도 세상에는 좋은 부모만 있지 않다. 비단 뉴스에서 종종 접하는 친자식을 대상으로 한 아동학대, 성폭력과 같은 인면수심의 끝인 범죄들이 아니어도 부모는 처음이라서 또는 상처의 대물림으로 인해 의도하든 의도하지 않든 자식에게 상처를 주는 부모들이 많다. 대표적으로 애착 이론을 포함한 많은 상담 이론들이 현재의 심리적 어려움에 영향을 미치는 생애 초기 부모와의 좋지 않은 경험에 관해 이야기한다. 그렇다면 나에게 좋지 않은 부모님을 준 신과 상처를 준 부모님을 평생 원망하며 살아야 하는 걸까? 상담 이론은 어린 시절 부모와의 관계에서 입은 상처가 평생 지울 수 없는 것이라고는 하지 않는다. 지금 그리고 앞으로의 행복을 위해서는 부모님과 얽혀 있는 심리적 관계나 부모님에게 가진 환상을 변화시켜야 한다.

인간은 특수한 경우(예를 들어, 조부모 등 부모가 아닌 주 양육자가 있는 경우)를 제외하고 생애 초기 부모의 적절한 돌봄이 없다면 생존할 수 없다. 따라서 인간은 자신의 생존을 위해 태어나면서부터 부모의 인정을 바라는 욕구를 가진다. 문제는 이러한 정서적 욕구가 생애 초기에 자신이 만족할 만큼 충족되지 않는다면 성인이 된 뒤에도 계속 마음속에 남는다는 것이다. 하지만 성인은 부모의 돌봄 없이 살 수 없는 어린아이가 아니다. 심리적으로도 성인이 되기 위해서는 건강하지 않은 인정 욕구를 내려놓아야 한다. 내가 원하는 삶 대신 부모님의 인정을 받을 수 있는 삶을 사느라 진정으로 행복하지 않다면 설령 부모님이 나를 놓아주지 않더라도 내가 먼저 부모님과 적절한 경계를 설정하고 부모님으로부터 분리된 독립적인 개인으로서의 인격을 형성할 필요가 있다. 즉, 심리적 독립을 이뤄서 무엇이 부모님의 것이고 무엇이 나의 것인지 명확히 구분할 필요가 있다. 많은 부모들이 자식을 자신이 이루지 못한 꿈을 대리 실현해줄 존재로 여긴다. 게다가 우리나라에서 특히 부모들은 자식이 성인이 된 뒤에도 책임을 져야 한다고 여기는 경향이 있다. 이와 같은 이유들 때문인지 자식을 독립된 인격체로서 존중하는 것을 어려워한다. 다만 심리적 독립이 단순히 부모와 따로 살거나 부모에게 일절 손을 벌리지 않는 것을 의미하지는 않는다는 사실을 명심해야 한다. 그러므로 나의 경제적 상황을 고려하면 자취할 수 없는데도 이제 성인이니까 집을 나가서 따로 살겠다고 하거나 심지어 부모님과 '손절'까지 하는 것과 같이 극단적으로 받아들이지 않기를 바란다.

부모님과 적절한 심리적 독립을 이루는 것 말고도 지금 그리고 앞으로의 행복을 위해 해야 할 일이 또 있을 수 있다. 바로 부모님에 대한 현실적으로 실현 불가능한 기대를 내려놓는 것이다. 사람들은 흔히 '우리 부모님은 부모로서 완벽해야 해.' '우리 부모님은 나를 무조건 사랑해줘야 하고 나에게 상처를 하나라도 줘서는 안 돼.'라는 자신의 부모에 대한 환상을 갖고 있다. 심지어 애착 이론과 같은 상담 이론을 잘못 받아들여서 부모가 충분한 애정 대신 상처를 줬기 때문에 자신이 지금 심리적 어려움을 겪고 있다는 원망까지 한다. 하지만 부모님 또한 신이 아니라 나와 마찬가지로 완벽할 수 없고 감정이 있는 사람에 불과하다는 사실을 잊지 않아야 한다. 생애 초기 형성한 부모님에 대한 환상에 가까운, 즉 부모님은 무슨 일이 있어도, 내가 어떤 사람이라도 나를 사랑해주고 받아들여 줘야 한다는 기대를 이제는 내려놓자. 특히 대상관계 이론에 따르면, 어린아이는 부모가 자신에게 좋은 사람이지만 좋지 않은 면 또한 갖고 있다는 사실을 동시에 받아들일 수 있는 능력이 없다고 한다. 어쩌면 부모님이 부모로서 나를 충분히 돌보아 주었는데도 내가 나에게 상처를 줬던 사건만 회상하는 것일 수도 있다(물론 세상에는 좋은 부모만 있지 않다고 했다). 즉, 내가 만들어낸 '나쁘기만 한 부모님' 이미지에 계속해서 상처받는 것일 지도 모른다.

마지막으로 지금 그리고 앞으로의 행복을 위해서는 부모님이 지금도 그리고 앞으로도 과거와 같은 사람일 것이라는 사실을 받아들여야 한다. 인간은 누구나 나아질 수 있다는 것이 심리상담의 기본 믿음이지만, 수십 년을 자신이 옳다고 생각하며 살아온 중년 이상의 사람은 쉽게 변하지 않기 때문이다. 내가 부모님이 변하기를 바라봤자 부모님은 자신의 의지와 노력이 없다면 변하지 않는다. 내가 변화시킬 수 있는 사람은 오직 나 자신뿐이다.

부모와 자식은 물보다 진한 피로 맺어진 사이지만, 심리적으로는 좋지 않은 부모가 벗어날 수 없는 족쇄는 아니다. 지우기 어려운 상처를 남겼던 과거 부모님의 좋지 않은 부분에 대한 원망은 내려놓고 현재와 미래의 행복을 위해 부모님을 용서하고 앞으로 나아가자. 성인 군자가 되라는 이야기가 아니다. 그 누구도 아닌 나 자신을 위해 용서하라는 이야기다.

쉬어가는 위로

과거는 과거일 뿐

과거는 영어로 past[pæst]예요.

pest[pest, 흑사병]가 아니라요.

과거의 상처를

현재에까지 전염시키지 않기를 바라요.

・ ・ ・

불편해도
변하지 않는 것이 편하니까

'고인 물은 썩는다.' 자기 계발 관련 전문가들이 변화의 중요성을 강조하기 위해 흔히 언급하는 속담이다. 비단 자기 계발을 위해서뿐만 아니라 심리적 어려움의 치유를 위해서도 변화할 필요가 있다. 하지만 변해야 한다는 사실을 알면서도 변하기는 쉽지 않다. 혹시 당신은 그럴 때 변화를 위해 충분한 노력을 하지 않는 당신의 약한 의지를 탓하지 않는가? 사실 변화는 의지의 문제를 떠나 여러 심리적 원인 때문에라도 쉽지 않은 것이다.

인간 또한 다른 동물들과 마찬가지로 긍정적인 결

과가 즉각적으로 발생하는 행동을 선호한다. 따라서 긍정적인 결과에 해당하는 당신이 목표로 하는 변화가 즉각적으로 발생하지 않는 행동은 의지만으로는 지속하기 쉽지 않다. 다이어트를 그 예로 생각해보면 이해하기 쉬울 것이다. 넘치는 의지로 헬스장에 12개월이나 등록한 다음에 먹고 싶은 음식을 억지로 참아가며 열심히 유산소 운동과 근력 운동을 하지만 1주일이 지나고 1달이 지나도 몸무게 앞 자릿수는 그대로다. 앞으로 일어날 일은 안 봐도 비디오지 않은가? '그래, 내가 무슨 부귀영화를 누리겠다고 이렇게 힘들게 다이어트를 하냐.'라면서 그동안 먹고 싶어도 참았던 치킨과 피자를 폭식하고 헬스장에는 온갖 핑계를 대며 더 이상 가지 않을 것이다.

이러한 이야기에 공감이 가지 않는 다이어트 무경험자라도 컴포트존은 들어봤을 것이다. 컴포트존은 우리나라 말로 안락지대이다. 안락지대인데 왜 수많은 자기 계발 관련 전문가들이 변화를 위해서는 그놈의 컴포트존에서 벗어나야 한다고 조언하는 걸까? 〈MBTI교신자들〉에서 이야기했듯이 인간은 불확실성을 해소하려는 욕구가 있다. 따라서 사람들은 보통 좋지만 낯선(불확실한) 것보다 좋지 않지만 익숙한(확실한) 것을 더 선호한다. 그리고 인간은 누구나 자신에게는 자신이 옳다. 다른 사람들이 볼 때는 별로 합리적이지 않아 보이는 생각과 행동도 본인에게는 그렇게 생각하고 행동할 수밖에 없는 이유가 있다는 이야기다. 문제는 컴포트존에만 머무르면 현실 적응에 도움이 되지 않는 생각과 행동조차 좋지 않지만 익숙하므로 계속 고수하게 된다는 것이다. 즉, 당신의 어떤 부분이 더 나은 삶을 방해하고 있더라도 당신에게 익숙해서 편하고 무엇보다 당신이 이를 옳다고 믿으므로 어떤 계기를 통해 객관적으로 당신 자신을 돌아보기 전에는 당신에게 변화가 필요한 부분이 있다는 사실조차 깨닫지 못하거나 변화를 위해 불편함을 감수할 유인incentive이 전혀 없다.

　지금까지 이야기한 두 가지의 난관을 돌파하여 변

하더라도 변한 상태를 계속 유지하기란 또 쉽지 않다. 바로 항상성 때문이다. 항상성은 쉽게 이야기해서 생명체가 일정한 상태를 유지하려는 경향인데 생명체뿐만 아니라 인간의 마음에도 존재한다. 이러한 심리적 항상성은 당신이 변화를 통해 잠시 괜찮아지더라도 어느새 이전의 사고방식으로 되돌아가게 하여 또다시 당신을 심리적 어려움에 빠트린다.

필자가 심리상담 관련 진로를 선택한 이유는 바로 인간은 누구나 나아질 수 있다는 심리상담의 기본 믿음 때문이다. 하지만 나아진다는 것은 많은 사람들에게 쉽지 않다. "나는 왜 나아지지를 않냐."라고 푸념만 해서는 절대 나아질 수 없다. 당신이 나아지기 위해서는 당신의 어떤 부분은 변화가 필요하다는 통찰을 얻고 현실 적응에 도움이 되지 않는 생각과 행동을 변화시키기 위해 다양한 실천을 하며 이전의 편함으로 되돌아가려는 유혹을 끊임없이 뿌리쳐야 한다. 즉, 나아진다는 것에는 개인차가 있는 의지보다는 근본적인 자기 변화를 위한 불굴의 정신이 필요한 법이다. 승려들이 오랜 수행을 통해 육체적 한계와 정신적 한계를 극복하는 것처럼 심리적 어려움을 치유하고 인간으로서 성장하는 것도 마찬가지로 오랜 시간이 걸리고 고된 수행의 길임을 잊지 않아야 한다. 언젠가는 나아질 것이라는 믿음 또한 잃지 않으면서.

에필로그

우리는 정말 심리적 어려움을 치유하고 인간으로서 성장할 수 있을까? 그렇다. 인간은 누구나 나아질 수 있다. 심리상담에 이러한 기본 믿음을 부여해준 전문가 중 대표적인 한 사람이자 인간중심치료의 창시자인 칼 로저스는 인간을 근본적으로 합리적이고 성장 가능성을 타고난 존재로 보았다. 혹자는 과연 인간이 합리적이기만 한 존재냐고 반론을 제기할 수도 있겠다. 솔직하게 말하면, 필자 또한 칼 로저스의 인간관에 전적으로 동의하지는 않는다.

필자의 학부 전공 중 하나인 경제학의 기본 가정 역시 모든 인간은 합리적이라는 것이다. 사실 고전경제학에서 모든 인간은 합리적이라는 가정이 의미하는 바는 인간이 자신에게 이익이 되는 선택만을 추구한다는 것이다. 즉, 고전경제학에서는 인간을 합리적인 선택만 하는 기계 같은 존재로 보았다. 하지만 인간은 기계가 아니라 감정이 있는 동물이다. 심리학자로서 2002년 노벨 경제학상을 수상한 대니얼 카너먼Daniel Kahneman 이 그 분야를 개척한 행동경제학에서도 인간이 감정적인 존재이기 때문에 자신이나 타인에게 해를 끼치는 비합리적인 선택도 한다고 하였다. 그러므로 인간은 합리적인 면과 비합리적인 면을 모두 지닌 존재라는 인간관이 현실적인 관점이라고 할 수 있다. 그런데 인간이 비합리적인 면 또한 지닌다고 해서 심리상담의 기본 믿음이 깨지는 것은 아니다. 오히려 인간의 비합리적인 면을 심리적 어려움의 원인 중 하나로 볼 수 있고, 인간은 누구나 나아질 수 있다는 믿음의 근거는 인간중심치료에서 보는 인간의 본성 중 타고난 성장 가능성과 자율성으로 봐야 한다.

심리상담의 기본 믿음을 지지하는 근거로 다른 상담 이론들의 인간관을 더 들 수 있다. 먼저 합리적 정서행동치료에서는 인간을 비합리적인 생각의 결과로 정서적 문제를 만들어내기도 하지만, 자신의 인지, 정서, 행동을 변화시킬 수 있는 존재로 본다. 다음으로 교류분석 치료에서는 인간이 생애 초기 타인(특히 부모 등 주양육자)의 영향을 받고 타인에게 의존하지만 스스로 새로운 결정을 내릴 수 있는 변화 가능한 존재라고 한다. 즉, 다양한 상담 이론에서 인간의 자유의지를 근거로 인간은 누구나 나아질 수 있다고 본다.

많은 사람들이 심리적 어려움을 겪을 때마다 스스로 해결하려고 한다. 이는 다른 사람에게 자신에 관한 좋지 않은 이야기를 솔직하게 털어놓으면 체면이 손상된다고 여기는 한국인의 특성과 심리상담에 대한 막연한 불안감 그리고 비싼 심리상담비 등으로 인해 심리상담이 멀게 느껴지기 때문은 아닐까? 하지만 인간은 다양한 심리적 어려움 중 일부가 스스로 해결할 수 있는 범위를 벗어나기 때문에 견딜 수 없는 고통을 받는다. 물론 심리상담에서 우리를 도와줄 상담자 역시 우리와 마찬가지로 상처가 있을 수 밖에 없는 인간이지만, 우리보다 먼저 자신의 상처를 치유한 '상처 입은 치유자'다. 어빈 얄롬은 상담자가 내담자의 고통을 이해하기 위해 내담자의 경험과 같은 경험을 할 필요는 없다고 하였지만, 칼 융은 '상처 입은 사람만이 다른 사람을 치유할 수 있다.'라고 하였다. 필자 또한 융과 마찬가지로 상처를 먼저 겪어본 사람이 상처 입은 사람을 잘 이해할 수 있다고 믿는다. 『물어봐줘서 고마워요』를 쓴 영국의 저널리스트이자 베스트셀러 작가인 요한 하리Johann Hari는 TED 강연 〈당신이 우울하고 불안한 이유This could be why you are depressed or anxious〉에서 다음과 같이 말했다. "우리는 우울해하는 사람들에게 종종 이렇게 말하곤 해요. '있는 그대로의 너로 살아. 너답게 살아.' 저는 우리가 사람들에게 진짜 해야 할 말을 깨달았습니다. '우리로서 살아. 우리답게 살아. 우리의 일부로서 살아.'" 가짜 자존감을 권하고 다른 사람의 이해와 지지를 위해 꼭 필요한 대인관계에 애쓰지 말라는 이야기로 사람들이 더욱더 혼자가 되도록 만드는 무늬만 힐링 글과는 반대되는 말이었다. 필자는 사람들이 언제나 혼자가 아니라 필요할 때는 '우리'로서 함께 심리적 어려움을 치유할 수 있는 세상이 되도록 심리상담에 대한 진입 장벽이 얼른 낮아지기를 간절히 기원한다.

참고문헌

- 권석만(2012). 현대 심리치료와 상담 이론: 마음의 치유와 성장으로 가는 길. 서울: 학지사.

- 김환, 이장호(2006). 상담면접의 기초: 마음을 변화시키는 대화. 서울: 학지사.

- 유성경(2018). 상담 및 심리치료의 핵심원리. 서울: 학지사.

- 이규미(2017). 상담의 실제: 과정과 기법. 서울: 학지사.

- Aaron, T. B., John, R., Brain, F. S., & Gary, E. (1997). 우울증의 인지치료. (원호택 외, 역). 서울: 학지사. (원서출판 1979).

- Ian, S. (2016). 현대의 교류분석. (제석봉, 최외선, 역). 서울: 학지사. (원서출판 1987).

- Irvin, D. Y. (2007). 실존주의 심리치료. (임경수, 역). 서울: 학지사. (원서출판 1980).

심리상담이 당신에게 전하는 위로

일상이 아픔이 되지 않도록

1판 1쇄 펴낸날 2022년 10월 31일

지은이 조한새

책만듦이 김미정 책꾸밈이 홍규선

펴낸곳 채륜 펴낸이 서채윤
신고 2007년 6월 25일(제2009-11호)
주소 서울시 광진구 자양로 214, 2층(구의동)
대표전화 1811.1488 팩스 02.6442.9442
E-mail book@chaeryun.com Homepage www.chaeryun.com

책값은 뒤표지에 있습니다.
ISBN 979-11-90131-13-1 03180

함께 꿈을 펼치실 작가님을 찾습니다.
소중한 원고를 보내주시면 특별한 책으로 만들겠습니다.

채륜(인문·사회), 채륜서(문학), 띠움(과학·예술)은 함께 자라는 나무입니다.
물과 햇빛이 되어주시면 편하게 쉴 수 있는 그늘을 만들어 드리겠습니다.